2018

Da lama ao caos

Gabriella Gonzalez

Esta obra é dedicada a aquela que mais que qualquer outra pessoa, esteve em meu lado durante os tenebrosos anos que o livro virá a relatar, minha esposa Bruna Teixeira Labella, àquela que segurou minha mão, afagou meu choro, e me deu esperança nos dias mais sombrios.

Pela liberdade de Rafael Braga e Bárbara Querino, e em homenagem à memória de Marielle Franco, Mestre Moa e a democracia brasileira.

Índice

Prefácio

Sua leitura pode começar de dois diferentes ângulos, lembrando Marx & Engels em O Manifesto do Partido Comunista:

Um espectro ronda o Brasil – o espectro do comunismo.

ou

Um espectro ronda o Brasil – o espectro do fascismo.

De que lado você está?

Introdução

A presente obra tem como intuito descrever e analisar o que pode ser considerada a mais importante eleição presidencial até então na história do Brasil. Momento crucial para a manutenção e continuidade da democracia brasileira. Todos os direitos conquistados estão em cheque, metade da população clama pelo retrocesso, ironicamente usam seu direito advindo da democracia de protestar, protestando pela volta de uma ditadura no país.

Contudo, para tal, teremos que retomar a história brasileira recente desde 2013 para entendermos todo o contexto, todas as contradições da época e como a população agiu diante de cada momento. Lembrando que este livro começa a ser escrito em 2018 no período das eleições, quando a autora se dá conta de como esse período está sendo – com o perdão da palavra, mas não tenho como usar outra – louco. Chegando a parecer mais um roteiro escrito por Quentin Tarantino ou uma série na categoria *Em Alta* no Netflix, 99% relevante, do que um momento real, aqui e agora.

2018, após 33 anos do término da ditadura militar no Brasil, metade da população jovem, que não viveu os tenebrosos anos em que o militarismo reinou em terras tupiniquins, pede por sua volta, idolatram torturadores, discriminam negros, indígenas, quilombolas, nordestinos, LGBT's, usuários da Assistência Social, pobres e mulheres, mesmo que boa parte deles se enquadre em algum desses grupos. E grande parte da população mais velha, que viveu no Brasil entre 1964 e 1985, diz que nunca houve ditadura ou que só vagabundo sofreu com o "Governo Militar" e que naquele período havia segurança. População essa, quase em sua totalidade, branca, classe média e eurodescendente.

Após 14 anos de governo do Partido dos Trabalhadores (PT), este é interrompido pelo impeachment da presidenta Dilma Roussef em 2016. Nasce, ou melhor, fortalece-se, o antipetismo. Afinal, em toda democracia há divergências de opinião entre a população, mas o que se finda aqui é um ódio inexplicável, é um ódio que cega, é um ódio que mata.

Mas afinal, o que o PT fez que causou tanta repulsa? O que motivou esse ódio? O que esse governo, eleito democraticamente, fez de tão repudiante a ponto de metade de a população clamar pela ditadura, após tantos anos de a mesma população ter lutado pela democracia, após tantos direitos conquistados? O que deu início a esse movimento?

É o que tentaremos explorar e explicar, se é que existe alguma explicação para tamanha indignação e ódio.

Ódio.

Anos marcados pelo ódio.

Capítulo 1: Junho, 2013

É difícil pontuar um início: "Descobrimento" do Brasil em 1500? A "abolição" da escravatura em 1888? Início do Brasil República em 1889? Ditadura militar em 1964? Fim da ditadura militar em 1985?

Seria necessário analisar desde a chegada portuguesa no Brasil até os dias atuais para entender exatamente o que significa esse marco na história brasileira, em 2018, mas o que tentaremos abarcar aqui é a história mais recente. Alguns momentos definiram o ponto que chegamos em 2018, e se há algo relevante a se pontuar são as manifestações de Junho de 2013.

As Jornadas de Junho são marcadas por uma onda de protestos que iniciam em São Paulo, e se espalham por todo o país, mobilizando milhares de pessoas, em sua maioria, jovens, no que viria a se tornar naquele momento a maior série de manifestações de rua desde o Impeachment de Fernando Collor, 21 anos antes.

Originalmente, como mobilização do Movimento Passe Livre (MPL) que se opunha ao preço das passagens de ônibus que aumentara de R$ 3,00 para R$ 3,20, quando a manifestação fica conhecida por "Manifestação dos 20 centavos", mas de uma forma extremamente rápida que através das redes sociais chama a atenção de vários jovens, muitos, em sua maioria, que iniciam sua militância nesse momento, jovens com 15, 16 anos, a maioria sem sequer entender os conceitos "Direita" e "Esquerda", as manifestações se tornam gigantescas, traz milhões de pessoas às ruas e aos poucos a pauta se amplia. A frase "não são só 20 centavos", escrita em faixas, muros, e gritadas durante os protestos, deixa claro o desejo de extrapolar o movimento inicial.

A violência policial, cujo ápice ocorre no dia 13 de Junho, quando a Polícia Militar de São Paulo ataca manifestantes no cruzamento da Avenida Consolação com a Rua Maria Antônia, deixando mais de 150 feridos, desperta a solidariedade e empatia de pessoas que até então não tinham envolvimento com os protestos. Essa adesão amplia a convocatória das marchas seguintes, e ao mesmo tempo, torna os protestos mais diversos do ponto de vista ideológico.

Desde sua origem, o MPL, responsável pela mobilização inicial, reivindicou para si um caráter horizontal, livre da agenda dos partidos políticos e com líderes que se revezavam como negociadores e porta-vozes. Essa dificuldade em definir uma agenda centralizada de reinvindicações claras faz com que as interpretações sobre a origem e as consequências das Jornadas variem até hoje. E um pequeno detalhe, foi nas Jornadas de Junho que se ouviu falar pela primeira vez sobre um possível impeachment da então presidenta, Dilma Roussef.

Capítulo 1.1: Eu sou Daleste, cheguei, mas tô saindo fora

Nunca na história do Brasil tivemos tantas camadas da população, com tantas ideias e ideologias diferentes juntas num mesmo protesto. Direita e Esquerda, lado a lado, partidários e apartidários, professores e alunos, jovens e adultos, todos juntos: é quando surge o motim: O Gigante Acordou. Ainda em 2013, Mc Daleste lança um funk homônimo ao motim:

Que pais é esse que tem vários interesses
Mesmo me sufocando com impostos
Não vou desistir
Deixei de última hora
Mas minha hora é agora

Desculpe pelo transtorno

Mas estou mudando o meu país

Através da minha voz
Falo por todos nós

Sonhos e sonhos se destroem
Que por dentro me corroem

Deitado em berço esplêndido
O povo acordou do coma
Nosso grito em silêncio
Força com força dá bomba

É porque cansamos
De acreditar em alguns salafrários
Aumenta a lei de condução
Cadê o aumento dos nossos salários?

Violência é a tarifa
Eu sou protestante
Coração valente
Na selva de pedra
Eu grito o que só vai depender da gente
Salve ó pátria amada
E quando eu amo
Eu defendo a própria morte
Hoje não foi pro governo
Aquele dia de sorte
É por direitos e não por centavos
Vem, vem pra rua
Quem sou eu, eu sou aquele que cansou
De tanta impunidade
De juros abusivos
De todas corrupções
E de tantas falcatrua

Sou brasileiro e eu não desisto nunca
Solo és mãe gentil

Verás que um filho teu não foge à luta
O gigante Brasil acordou

Sem violência, eu quero mudança
Pros nossos jovens, idosos e crianças

Sou brasileiro e eu não desisto nunca
Solo és mãe gentil

Verás que um filho teu não foge à luta
O gigante Brasil acordou

Sem violência, eu quero mudança
Pros nossos jovens, idosos e crianças

Sou brasileiro e eu não desisto nunca
Solo és mãe gentil

Verás que um filho teu não foge à luta
O gigante Brasil acordou

Sem violência, eu quero mudança
Pros nossos jovens, idosos e crianças

Em 7 de Julho de 2013, Mc Daleste é assassinado durante um show em Campinas. Veículos internacionais de imprensa repercutiram a morte do cantor, a revista inglesa NME e os veículos norte-americanos Billboard, The Huffington Post, LA Times, e o NY Daily News estão entre as publicações que noticiaram o fato. As investigações não chegam a nenhum possível assassino.

Daleste/Imagem da internet

Em memória, Daniel Pedreira Senna Pellegrini.
São Paulo, (30 de outubro de 1992 - Paulínia, 7 de julho de 2013)

Capítulo 1.2: Black Blocs

O Black Bloc não é uma organização, mas uma forma de protesto estética baseada na depredação de símbolos do poder e do capitalismo e tem esse nome porque, nas manifestações, os black blocs, geralmente militantes da esquerda, em grande parte anarquistas, vestidos com roupas e máscaras pretas, formam um bloco de pessoas que se coloca entre a polícia e o restante dos manifestantes. O black bloc se trata, na verdade, de uma tática de defesa contra a violência policial. A estratégia ganhou notoriedade durante as manifestações contra o encontro da OMC em Seattle em 1999.

Segundo Marcia Cavallari, diretora do IBOPE Inteligência, o foco dos protestos de Junho "se perdeu quando começou as ações dos black blocs e isso fez com que a grande maioria das pessoas, as que querem se manifestar por causas legítimas, se inibisse".

Manifestante com spray de tinta próximo a um ônibus em São Paulo, no dia 7 de Junho

Pesquisa realizada pelo instituto MDA em novembro de 2013 indica que enquanto 81,7% da população apoia os protestos que ocorrem desde junho, 93,4% não concorda com a ação dos grupos que adotam a violência como forma de protesto.

Aos primeiros indíces de violência era comum os manifestantes gritarem em coro "sem violência". Os black blocs eram grupos pequenos e uma parcela mínima dos manifestantes, mas a mídia ocultava a maior parte das manifestações pacíficas e exaltava a violência. Foi quando as Jornadas de Junho começaram a se dissipar e dividir a população.

Capítulo 1.3: A repressão policial

A ação policial a fim de conter os manifestantes recebeu duras críticas, especialmente após os protestos do dia 13 de junho. Houve grande preocupação quanto ao aumento da violência na repressão aos protestos contra o aumento das passagens de ônibus no Rio de Janeiro e em São Paulo e também foi preocupante o discurso das autoridades sinalizando uma radicalização da repressão e a prisão de jornalistas e manifestantes. O transporte público acessível é de fundamental importância para que a população possa exercer seu direito de ir e vir, tão importante quanto os demais direitos como educação, saúde, moradia, de expressão, entre outros e é fundamental que o direito à manifestação e a realização de protestos pacíficos seja assegurado.
A ONG Repórteres Sem Fronteiras (RSF), divulgou uma nota condenando a repressão aos protestos e a prisão de jornalistas e manifestantes. Benoît Hervieu, representante regional da RSF, afirmou que "a Constituição brasileira está sendo desrespeitada" e que "além da brutalidade dos policiais, as acusações contra os jornalistas não têm fundamento." Ex-comandantes da Polícia Militar consultados pelo jornal O Estado de S. Paulo também apontaram falhas na coordenação, planejamento e execução da operação.

De acordo com o MPL, houve cerca de cem feridos no centro da cidade, dentre quais sete jornalistas do jornal Folha de S.Paulo; dois deles atingidos por tiros de bala de borracha na cabeça. Um fotógrafo d'O Estado de S. Paulo acusou um policial de atropelá-lo de propósito com sua viatura no momento em que registrava o momento em que outro carro da polícia passava por cima de uma barricada em chamas montada pelos manifestantes. Um fotógrafo da Futura Press foi atingido no rosto por uma bala de borracha e corre o risco de perder a visão no olho ferido. No meio do trajeto do quarto protesto, os manifestantes, que agiam de forma pacífica, foram recebidos com truculência pela tropa de choque da PMESP, que iniciou o confronto em diversos pontos com o objetivo de dispersar o movimento. O grupo, em nota, afirmou que entraria com uma representação na Justiça contra a Polícia Militar após a ação do dia 13.

Soldados da polícia militar atiram em direção de manifestantes na Avenida Paulista.

O prefeito da cidade, Fernando Haddad, reconheceu que o protesto do dia 13 de junho foi marcado pela violência policial e o secretário de Segurança Pública de São Paulo pede investigação sobre possíveis abusos da polícia militar.

Manifestante suplica por compreensão da Polícia Militar do Estado do Rio de Janeiro.

Segundo relatos da imprensa, os confrontos com a polícia naquele dia teriam sido iniciados pela própria corporação. Um vídeo divulgado naquela mesma noite mostra um policial danificando uma viatura da própria polícia. O colunista da Folha de S.Paulo Elio Gaspari disse que "seguramente a PM queria impedir que a passeata chegasse à avenida Paulista" e que os confrontos entre os manifestantes e os policiais "foi um cena típica de um conflito de canibais com os antropófagos".

Constatou-se também que a polícia usou bombas de gás lacrimogêneo com a data de validade vencida, embora, em nota, ela tenha afirmado que isto não ofereceria risco à saúde das pessoas.

Tropa de choque criando bloqueio na Augusta em 18 de Junho.

No Rio de Janeiro, houve críticas à atuação policial nos protestos do dia 17 de junho, quando um grupo de manifestantes depredou o prédio da Assembléia Legislativa do Estado do Rio de Janeiro (ALERJ). Os policiais que faziam a proteção do prédio tiveram que se refugiar dentro do local, e só puderam sair três horas depois, com a chegada do Batalhão de Choque. Para dois coronéis da PM, ouvidos pelo jornal Estadão, sob condição de anonimato, a demora na atuação foi devido a critérios políticos. O porta-voz da Polícia Militar do Rio negou a acusação, afirmando que a decisão foi técnica, alegando que a ordem era de enfrentar os protestos sem violência, e que a suposta demora se deu porque a organização não esperava tamanho número de manifestantes. Ao dispersar a aglomeração na região, alguns policiais foram flagrados atirando para o alto com fuzis e pistolas. Segundo o porta-voz da Polícia, "a corporação vai fazer um 'estudo de caso'" para apurar o ocorrido.

O vereador Ricardo Young, que acompanhou o indiciamento de alguns manifestantes detidos, informou no Facebook que policiais estavam fazendo revistas em bolsas e mochilas longe de testemunhas, e plantando provas nelas. Assessores do vereador também denunciaram isto.

Fotógrafo foge de bombas de gás lacrimogêneo lançadas pela Polícia Militar de São Paulo durante os protestos em São Paulo, em 7 de junho.

O uso de policiais infiltrados nos protestos no Rio também causou polêmica. Nas mídias sociais, internautas compartilharam vídeos onde supostos policiais à paisana estariam atacando outros policiais fardados com bombas de fabricação caseira, de modo a incitar a violência nas manifestações. A Polícia Militar do Estado do Rio de Janeiro confirmou o uso de agentes do serviço reservado para o acompanhamento das manifestações, negando, no entanto, as acusações de violência por parte dos mesmos, afirmando que a denúncia "ultrapassa os limites do bom senso". Segundo perito forense contactado pelo jornal O Globo, não seria possível confirmar a veracidade das acusações, tendo como base os vídeos publicados. Já para o assessor de direitos humanos da Anistia Internacional, haveria indícios da ação de policiais a paisana com o objetivo de desestabilizar as manifestações. O governador do estado, Sérgio Cabral, disse que não sabia da existência de policiais infiltrados, pois seriam detalhes técnicos que ficariam a cargo do secretário de segurança, José Mariano Beltrame. Anteriormente, dois manifestantes já haviam sido presos, por, dentre outras acusações, divulgar imagens de supostos policiais infiltrados, o que seria proibido.

Em Porto Alegre a Câmara de Vereadores, através da Comissão de Direitos Humanos, convocou reunião para ouvir os relatos de abuso policial, especialmente referentes ao dia 17 de junho. Jovens e adolescentes depuseram sobre detenções arbitrárias, incluindo uso de armas de eletrochoque, tortura física e psicológica. Alguns manifestantes foram encaminhados ao Presídio Central de Porto Alegre.

Capítulo 1.4: A Revolta do Vinagre

No dia 13 de junho de 2013, agentes da Polícia Militar do Estado de São Paulo, atuando contra manifestações populares do Movimento Passe Livre, prenderam mais de 60 manifestantes por estarem portando vinagre. Exatamente, vinagre.

O vinagre seria utilizado como meio de proteção ao gás lacrimogêneo e spray de pimenta nas movimentações que ocorreriam mais tarde naquele dia, que partiu do Theatro Municipal com destino à Avenida Paulista. O jornalista Piero Locatelli da revista Carta Capital chegou a ser detido e levado para a Polícia Civil por carregar uma garrafa de vinagre.

A ação dos policiais foi posteriormente motivo de sátira nas redes sociais. O tom irônico também vem sendo empregado para nomear o quinto ato, apelidado de "Marcha pela Legalização do Vinagre". No dia 16 de junho, o secretário de Segurança Pública de São Paulo, Fernando Grella Vieira, declarou após os incidentes que "ninguém vai ser detido por estar levando vinagre". Policiais e agentes da ABIN tambem estavam infiltrados nos protestos para cometerem vandalismo.

Capítulo 1.5: #NÃOVAITERCOPA

Os gastos públicos com a Copa das Confederações e a Copa do Mundo FIFA de 2014 são alvos de boa parte dos protestos, com ativistas, além de reclamarem dos gastos, pedindo a criação de CPIs para verificar as despesas com os eventos e possíveis superfaturamentos.

Para abrir a Copa das Confederações no dia 15 de junho, Joseph Blatter, presidente da Fifa, e Dilma Rousseff fizeram um discurso, mas foram vaiados quando tiveram seus nomes mencionados. Sobre as vaias, o ministro da educação Aloizio Mercadante disse no dia 17, citando Nelson Rodrigues, que "futebol e política não se misturam, e que o Maracanã em dia de jogo vaia até minuto de silêncio". Por causa das vaias, a presidenta decidiu não comparecer à final da Copa, no dia 30, para entregar a taça, fazendo a FIFA considerar o ato desrespeitoso. A informação era oficial na noite do dia 28, apesar de que inicialmente a presidenta tinha pretendido comparecer. A queda de popularidade e os protestos na rua a fizeram mudar de ideia.

Em São Paulo, manifestantes têm circulado com cartazes como "FIFA, paga minha tarifa" e entoado bordões como "Ei, Brasil vamos acordar: um professor vale mais do que o Neymar". Outros cartazes incluem "Queremos hospitais padrões FIFA" e "Da Copa eu abro mão, quero é investimento em saúde e educação". Em Salvador, no dia 20 de junho, dois ônibus da FIFA foram apedrejados, além de pelo menos outros dois comuns. Além disso, o hotel que servia de base para a FIFA foi vandalizado e um grupo tentou entrar no estabelecimento, sendo confrontado pela polícia.

No dia 21 de junho, ao ser perguntado sobre o que achava dos protestos, Peeka Odriozola, porta-voz da Fifa, reconheceu que "Nem a Fifa, nem o comitê organizador local, nem a mídia, ninguém estava esperando". No dia 19 de junho, Pelé declarou, em vídeo gravado para a Globo (TV Tribuna, afiliada da Rede Globo para a região da Baixada Santista) e divulgado na internet, onde afirmou que os brasileiros deveriam deixar de lado as manifestações e apoiar a seleção. Ao invés de acalmar, gerou mais indignação, como por exemplo, a de Romário, que mandou o Pelé calar a boca. No dia 20, manifestantes da cidade-natal de Pelé, Três Corações, "amordaçaram" a estátua do ex-jogador, amarrando um cartaz na boca dela com os dizeres "Sou Tricordiano, mas Pelé não me representa".

Pelo Facebook, no dia seguinte, Pelé disse, em inglês e português, ter sido mal-interpretado: disse ser 100% a favor da manifestação e que solicitou apenas que não se descontasse na seleção o descontentamento, vaiando a eles.

Ronaldo foi outro alvo de críticas após uma declaração sua de 2011 ser relembrada na internet, aonde ele dizia que "com hospitais não se faz Copa do Mundo". Manifestantes levaram cartazes com dizeres, entre outros "Ronaldo, sem hospitais como os travestis vão operar?", em alusão à confusão de alguns anos atrás entre mulheres transsexuais e o ex-jogador. Em Fortaleza, o ex-jogador foi chamado de babaca pelos manifestantes. No dia 20, Romário postou um vídeo resposta em seu Facebook gravado por o pai de uma filha deficiente física supostamente por causa de falhas no sistema de saúde. Disse, entre outras coisas, que um bom atendimento ao turista inclui também ter hospital, e que por isso também pode ser considerado parte da Copa do Mundo.

Ronaldo se defendeu das críticas dizendo que o vídeo está fora de contexto, e que a edição é tendenciosa ao removê-lo e fazer o vídeo parecer daquela semana. Disse também que, como o país não sedia Copa do Mundo desde 1950 e que nem por isto atingiu-se excelência em nenhuma causa social prioritária, como educação, saúde, transportes, etc, ao passo que a Copa é chance de atrair investimento. Afirmou sentir orgulho de ver os protestos e que espera que se espalhem, cobrando todos os anos uma gestão melhor do dinheiro público.

Capítulo 1.6: PEC 37

A Proposta de Emenda Constitucional 37/2011, abreviada como PEC 37, foi um projeto legislativo brasileiro que pretendia emendar a Constituição brasileira para incluir a apuração de investigações criminais como atividade privativa da polícia judiciária. Foi proposta pelo deputado Lourival Mendes, então do PTdoB do Maranhão.

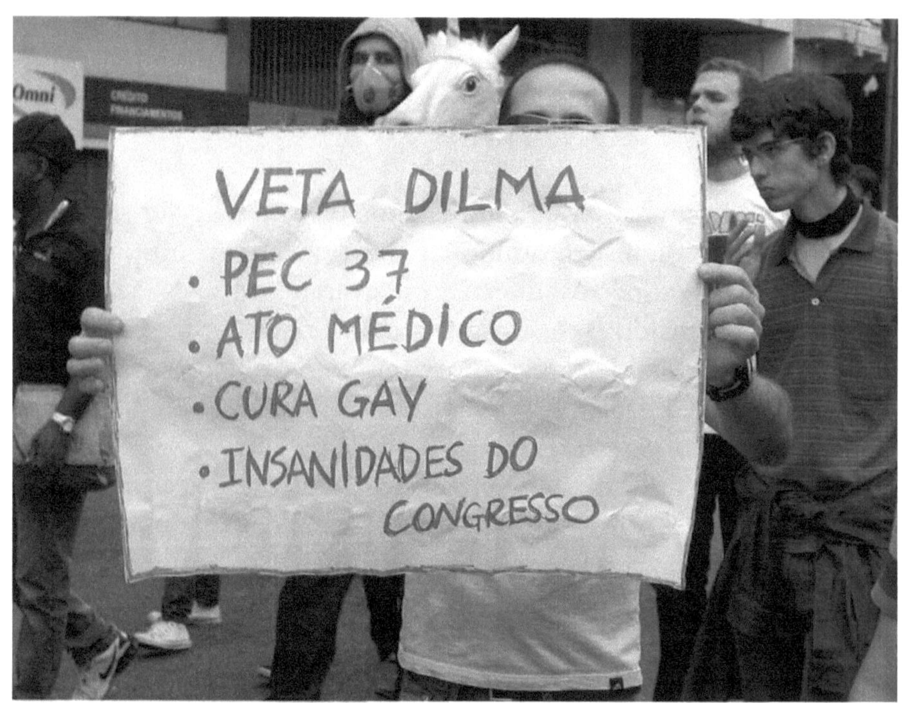

Manifestante em Juiz de Fora, em 22 de Junho, pedindo o veto à PEC 37

À época de sua proposição, foi apoiada por juristas como Ives Gandra, José Afonso da Silva, Guilherme Nucci e Régis de Oliveira, que entendiam que a investigação criminal já era vedada ao Ministério Público, por falta de previsão legal ou por estar implícito no texto que tal competência já era privativa das polícias, embora o órgão ocasionalmente exercesse essa atividade. As entidades de classe do Ministério Público opuseram-se à proposta. De acordo com a Associação do Ministério Público do Distrito Federal e Territórios (AMPDFT), "há uma necessidade de o Ministério Público investigar, especialmente nos casos de: problemas de corporativismo policial, permeabilidade da polícia a pressões políticas, necessidade concreta de suplementar uma investigação policial em curso, ante a notória deficiência de estrutura da polícia".

A Ordem dos Advogados do Brasil e a Associação Nacional dos Delegados de Polícia Federal defenderam a PEC, enquanto o então Procurador-Geral da República Roberto Gurgel e o então Presidente do Supremo Tribunal Federal Joaquim Barbosa foram contrários à sua aprovação.

Os protestos pelo país tiveram críticas à PEC 37 (Proposta de Emenda Constitucional) como uma de suas bandeiras, e manifestantes defendem a derrubada do projeto. No dia 20 de junho, Roberto Gurgel, procurador-geral da República, disse que os protestos influenciaram o adiamento da votação na Câmara dos Deputados, que estava marcada para o dia 26, e que as manifestações "incluíram a PEC 37 como uma das principais pautas na luta contra corrupção". Disse também que o Ministério Público continua mobilizado, que ele acredita que a PEC deveria ser simplesmente excluída da pauta do Congresso ao invés de adiada e que é fundamental o apoio contra ela. Henrique Alves, presidente da Câmara, disse em 20 de junho que a votação deveria ocorrer na primeira semana de julho, após o adiamento. Disse também que seria preciso buscar consenso entre o Ministério Público e polícias, que ficaram divididas pela PEC, para que a decisão não corra o risco de ser feita judicialmente.

Diante dos protestos criticando também a PEC, o senador Walter Pinheiro (PT da Bahia) solicitou que Renan Calheiros, presidente do Senado, faça um entendimento com o presidente da Câmara dos Deputados, Henrique Alves. Walter defende que o caminho para a melhor definição das atribuições de cada instituição é uma solução criada em conjunto por elas.

Após toda essa repercussão e manifestação pública contra a PEC 37, a proposta foi votada em 25 de junho de 2013 e rejeitada por 430 votos, com apenas 9 favoráveis e 2 abstenções.

Capítulo 1.7: Cura Gay

O Projeto de Decreto Legislativo 234/2011, conhecido como "cura gay" e apresentado pelo deputado e pastor evangélico João Campos (PSDB-GO), aprovado no dia 18 pela Comissão de Direitos Humanos da Câmara dos Deputados, presidida pelo pastor Marco Feliciano, criticado por declarações homofóbicas, altera uma resolução do Conselho Federal de Psicologia, suspendendo partes desse documento que proíbem psicólogos de considerarem a homossexualidade uma doença e de tentarem mudar a orientação sexual de seus pacientes, tornou-se alvo das manifestações.

Antes de se tornar lei, o projeto ainda teria de ser analisado pelas comissões de Seguridade Social e Família e de Constituição e Justiça, antes de chegar ao plenário da Câmara. Entretanto, líderes da Câmara tentam levar o projeto diretamente para votação em plenário, onde a pressão popular contra o projeto e contra o deputado Marcos Feliciano deve fazer com que seja rejeitado.

Feliciano alega que não existe cura gay mesmo, já que homossexualidade não é doença, mas que não se poderia impedir os psicólogos de estudar o assunto, por não haver consenso, por não concordarem todos os psicólogos do mundo sobre a questão, e por ele conhecer uma pessoa hetero que depois se tornou gay; Feliciano acusa estar sendo usado como bode expiatório.

Manifestação contra a cura gay em Juiz de Fora no dia 20 de Junho

Diz também que é vítima de preconceito por causa de sua religião, critica a imprensa por ocultar um evento organizado por Silas Malafaia no dia 5 aonde 70 mil pessoas se manifestaram a favor do projeto, diz que as manifestações de políticos contra os projetos é uma forma de humilhar a bancada evangélica, que o governo esqueceu deles e que o PSTU e o movimento LGBT inventaram o nome "cura gay" para perseguirem ele outra vez.

O projeto foi tirado de tramitação no dia 2 de julho pelo presidente da Câmara, Henrique Alves. Após isso, antes do dia 4, o deputado Anderson Ferreira (PR de Pernambuco) apresentou novamente o mesmo projeto, que foi novamente recusado, desta vez por uma proposta idêntica que tenha sido retirada de tramitação não poder retornar no mesmo ano.

Capítulo 1.8: Resposta Governamental

No dia 17 de junho, data em que se intensificaram as manifestações, a presidente Dilma Rousseff se reuniu com o ministro da justiça para acompanhar a atuação policial.

Ainda em 17 de junho, integrantes do governo federal fizeram declarações públicas sobre o movimento. Segundo a ministra da Secretaria de Comunicação Social da Presidência, Helena Chagas, Dilma Rousseff teria afirmado considerar as manifestações "legítimas e próprias da democracia", sendo "próprio dos jovens se manifestarem". Já o ministro do esporte, Aldo Rebelo, em tom mais ríspido, elogiou a atuação das polícias estaduais e afirmou que o governo não iria tolerar as manifestações no país que atrapalhem ou tentem impedir os jogos da Copa das Confederações FIFA.

Na manhã do dia 18, o governador de Minas Gerais, Antônio Anastasia, encontrou-se com a presidente Dilma Rousseff e solicitou apoio da tropa nacional, recebendo 150 pessoas para auxiliar a Polícia Militar durante os atos. Os militares da Força Nacional são destinados a atuar somente nas áreas dos estádios, não podendo ser transferidos para outros lugares das cidades. Os totais de militares enviados para os estados são mantidos em sigilo, e os tempos de permanência são decididos pelos governos estaduais.

À tarde, falando pela primeira vez sobre os protestos, Dilma Rousseff disse na NBR que seu governo "está ouvindo essas vozes pela mudança", "está empenhado e comprometido com a transformação social" e "compreende que as exigências da população mudam quando nós mudamos também o Brasil". O ex-presidente Lula elogiou esse discurso no dia seguinte. À noite, a ministra chefe da Casa Civil, Gleisi Hoffmann, divulgou estudo mostrando que algumas medidas de desoneração adotadas pelo governo federal desde janeiro de 2013 propiciavam a redução das tarifas de transporte coletivo. Para São Paulo, o estudo apontava possibilidade de redução em R$ 0,23. Todavia, a ministra em seguida pediu desculpas e negou essa possibilidade.

O prefeito de São Paulo, Fernando Haddad, caracterizou no dia 18 de junho os atos de vandalismo que ocorreram durante as manifestações uma atrocidade. No dia 19, considerou pela primeira vez a possibilidade de rever o preço da passagem, dizendo que vai se subordinar às pessoas pois seu trabalho como prefeito é fazer o que a cidade quer que ele faça, após reunião com Lula e Dilma. Entretanto, na manifestação daquele dia, a polícia outra vez usou balas de borracha e gás lacrimogêneo, mesmo tendo o prefeito prometido anteriormente que esse tipo de munição não seria mais utilizado contra os protestos.

Estadão caracterizou a reunião como "operação de salvamento" ao prefeito, e que ocorreu logo após o prefeito encontrar-se com representantes do Movimento Passe Livre. Lula disse depois, em outra reunião, que o PT errou ao se distanciar da juventude, e que agora pagava este preço. O ministro-chefe da Secretaria-Geral da Presidência, Gilberto Carvalho, deveria assumir o papel de interlocutor com os jovens, e o partido estudava novos programas para beneficiar esta parte da população. Setores do partido entendem que os discursos precisam ter direcionamento diferente da redução da miséria, pois o tema já não é o bastante para responder aos anseios dos manifestantes.

Em 20 de junho, foi noticiado que o governo estava preparando uma operação na qual membros da Agência Brasileira de Inteligência (ABIN) monitorariam os protestos no país naquele dia, acompanhando a movimentação dos manifestantes no Facebook, Twitter, Instagram e WhatsApp. De acordo com o jornal Estado de S. Paulo, o que levou à decisão foi o fato do Gabinete de Segurança Institucional não ter avisado ao governo sobre a ocorrência das manifestações. A revista Época Negócios disse que o sistema Mosaico passaria a medir e analisar as manifestações, que já acompanha 700 temas definidos pelo ministro-chefe do GSI, general José Elito Carvalho Siqueira.

Neste dia, a TV Senado preparou uma estrutura para transmitir ao vivo as manifestações em Brasília, mas foi proibida pelo senador Renan Calheiros de última hora e tiveram de se limitar à reprodução de boletins na Internet. Alguns membros da redação ficaram revoltados com a censura.

Capítulo 1.9: Pronunciamento Presidencial

No dia 21, a presidente cancelou uma viagem que faria ao Japão a partir de domingo e convocou uma reunião de emergência com o Ministro da Justiça, José Eduardo Cardozo, e outros ministros, para avaliar a proporção e alcance dos protestos. Michel Temer, vice-presidente, e Henrique Alves, presidente da câmara dos deputados, encurtaram suas estadias na Rússia para chegarem à noite em Brasília. O jornal Folha de S. Paulo disse que na reunião seria discutida a posição do governo em relação aos protestos, as medidas possíveis de serem adotadas pelo Ministério da Justiça a respeito de incidentes ocorridos e possivelmente até um pronunciamento da presidente em rede nacional. A reunião, que começou às 9h30, durou três horas, e após ela Dilma continuou em outra reunião em seu gabinete sobre o mesmo tema. Determinou que nenhum ministro deveria sair de Brasília. Nenhum comunicado foi emitido à imprensa imediatamente após o fim do encontro. O ministro da Secretaria-Geral da Presidência, Gilberto Carvalho, disse em outro evento daquela manhã que o governo teria de correr atrás para satisfazer ao novo padrão de exigência e que a presidente deveria se pronunciar em breve.

No fim da tarde um pronunciamento da presidente foi gravado durante uma hora, onde ela procura tranquilizar os manifestantes. A transmissão em rádio e TV foi marcada para as 21h daquela noite, com duração de 10 minutos, onde se falaria das manifestações e da Copa das Confederações.

No pronunciamento, Dilma prometeu conversar com prefeitos e governadores para realizar um pacto de melhoria dos serviços públicos e a criação de um Plano Nacional de Mobilidade Urbana. Prometeu destinar 100% do dinheiro dos royalties do petróleo à educação, a trazer médicos estrangeiros para ampliar o atendimento do SUS e a se encontrar com os líderes das manifestações pacíficas. Disse ser favorável às reivindicações democráticas, reconheceu a necessidade de "oxigenar" o sistema político e prometeu uma ampla reforma que amplie o poder popular.

Sobre os investimentos para a Copa, a fala presidencial argumentou que:

"Em relação à Copa, quero esclarecer que o dinheiro do governo federal, gasto com as arenas, é fruto de financiamento que será devidamente pago pelas empresas e pelos governos que estão explorando esses estádios."

Além disso, criticou os vandalismos e pediu respeitos aos espectadores dos jogos. Em relação aos protestos contra a diretriz econômica de seu governo, ela afirmou que "quem define os rumos da política econômica brasileira trabalha no terceiro andar do Palácio do Planalto, e não na Esplanada dos Ministérios".

Em seu livro de memórias intitulado Hard Choices, Hillary Clinton, a ex-Secretária de Estado dos Estados Unidos, classificou a atuação de Rousseff durante os protestos de junho de 2013 como um exemplo de ação democrática: "Em vez de desprezar ou bater e prender manifestantes, como fizeram muitos outros países, incluindo a Venezuela, Dilma se juntou a eles, reconheceu as suas preocupações e pediu que trabalhassem com o governo para resolver os problemas".

Capítulo 1.10: Os 5 pactos e o plebiscito

No dia 24 de junho, após encontro com membros do Movimento Passe Livre, Dilma reuniu-se com 26 prefeitos e 27 governadores para apresentar cinco pactos nacionais, dos seguinte temas, entre os três níveis do governo:

- Transporte público: investimentos em corredores de ônibus, VLTs e metrôs, e a criação de um Conselho Nacional de Transporte Público onde usuários e sociedade civil participassem. Foi considerada a desoneração de PIS e COFINS para o diesel de ônibus e para a energia elétrica de trens e metrôs. Considerou que tanto a desoneração quanto o Conselho poderiam ocorrer a níveis estadual e municipal ou metropolitano além do federal. Defendeu que a matriz de transportes passe a ser sobre trilhos, e criticou governos anteriores que não tomaram essa medida;
- Reforma política e combate à corrupção: foi proposta a criação de um plebiscito para que uma assembleia constituinte exclusiva para isto seja criada. Também, pediu que os governos façam o mais rapidamente possível a implementação da Lei de Acesso à Informação, e disse que transformar corrupção dolosa em crime hediondo seria uma iniciativa fundamental;
- Saúde: aceleração dos investimentos já contratados para construção de UPAs, UBS e hospitais e ampliação do sistema que troca dívidas de hospitais filantrópicos por mais atendimentos Dilma defendeu que os médicos recebam incentivos para irem trabalhar nas regiões mais pobres e remotas, e que caso isso não resolvesse, que médicos estrangeiros fossem levados para esses lugares, exclusivamente para o SUS. Falou que este aspecto enfrentaria oposição dos médicos, mas disse querer deixar claro que não é algo hostil e desrespeitoso à classe médica, mas uma ação limitada e emergencial, que o Brasil é um dos países que menos emprega médicos estrangeiros e que de qualquer forma a saúde dos brasileiros deve prevalecer sobre quaisquer interesses. Disse que iria ainda tomar uma série de

outras medidas para melhorar as condições de trabalho nos hospitais públicos;

- Educação: 100% dos royalties do petróleo para educação, e 50% do pré-sal;
- Responsabilidade fiscal: manter as medidas de estabilidade econômica e controle da inflação para que o Brasil continue protegido da crise mundial.

No dia seguinte, porém, a proposta de convocar uma Constituinte foi descartada pelo governo, após ser rejeitada pelo vice-presidente, pela OAB e pela oposição. O plebiscito foi escolhido como a forma de convergência para a reforma.Também nesse dia, um pacote de 17 medidas prioritárias foi definido pelo presidente do Senado, Renan Calheiros, que ameaçou suspender o recesso legislativo do meio de julho se elas não fossem apreciadas.

No dia seguinte, 26, foi aprovado no Senado o projeto de lei que torna corrupção em crime hediondo, seja passiva ou ativa, e inclusive a exigência de benefício para si mesmo ou para outra pessoa em função do cargo exercido, seja cobrando por um serviço para o qual o estado não exige pagamento ou seja pela apropriação mais geral de valores ou bens. Dilma reuniu-se com dirigentes de cinco centrais sindicais, para, entre outras coisas, pedir apoio dos sindicalistas para a realização do plebiscito e convencer a suspensão da greve geral marcada para 11 de julho, mas não teve sucesso: a primeira questão deixou os convidados divididos, e a segunda foi recusada. Para a presidente, a questão da reforma política é primordial, precisando ser discutida logo para que entre em vigor para as eleições de 2014. A presidente e a cúpula do PT defendem o financiamento público de campanha eleitoral para impedir abuso de poder econômico, mas os demais políticos não entram em consenso. Os sindicalistas saíram irritados da reunião por considerar que foram chamados para ouvir planos mirabolantes do governo para tirar a atenção de si próprio, ao invés de ouvir o que disseram e realizar o que foi solicitado. Os pontos que estes levaram foram: fim do fator previdenciário, 10% do PIB para a saúde e outros 10% para a

Educação, jornada de trabalho de 40h, reforma agrária, transporte público de qualidade, valorização das aposentadorias, mudanças nos leilões de petróleo e veto ao PL 4330, sobre terceirização, entre outros. Na reunião dos sindicalistas que decidiu os pontos a serem apresentados, o vice-presidente da UNE contou que a organização, em reunião no dia 24, decidiu que suas pautas para a mobilização do dia 27 seriam: 10% do PIB para a educação e 100% dos royalties do petróleo; contra o Estatuto do Nascituro e contra a cura gay; pela democratização das mídias; pela reforma política e pelo passe livre estudantil.

No dia 2 de julho, foram apresentadas ao Congresso as sugestões de temas da presidente para a elaboração do plebiscito. Os partidos de oposição, entretanto, sugeriam referendo.

- Financiamento de campanhas; De acordo com José Eduardo Cardozo, ministro da Justiça, a consulta deveria definir se será público, privado ou misto;
- Sistema eleitoral. De acordo com José Eduardo Cardozo, ministro da Justiça, a consulta deveria definir se será mantido o voto proporcional ou alterado para voto distrital, distrital misto, distritão ou em dois turnos como a OAB e outros propunham.
- Manutenção das coligações partidárias;
- Fim do voto secreto no Congresso. De acordo com Renan Calheiros, presidente do Senado, é assunto praticamente resolvido;
- Fim da suplência de senador. De acordo com Renan Calheiros, presidente do Senado, é assunto praticamente resolvido;

De acordo com Henrique Eduardo Alves, presidente da Câmara, uma proposta paralela de reforma política será desenvolvida em 90 dias pelos parlamentares, por precaução, para o caso de ocorrer algum imprevisto com o plebiscito. Michel Temer, vice-presidente da República, disse que deverá haver um mês ou um mês e meio de propaganda eleitoral para informar a população sobre cada um dos pontos.

No dia 9 de julho, a Câmara dos Deputados recusou o plebiscito e decidiu criar um grupo de trabalho para debater o tema em improrrogáveis 90 dias, podendo depois ser realizado um referendo. Apenas PT, PCdoB e PDT continuaram apoiando o plebiscito, e decidiram buscar as 171 assinaturas necessárias para criar um projeto de decreto legislativo para a realização dele. O presidente da Câmara respondeu que, se isto for conseguido, o plebiscito valerá para 2016 e não 2014.

Capítulo 2: Please, don't come to Brazil

Após toda a movimentação das Jornadas de Junho o Brasil se aproxima de mais um momento extremamente importante. 2014 é ano de eleição presidencial, além disso, Copa do Mundo tendo o Brasil como sede, como já falamos anteriormente que também foi alvo de manifestações em Junho.

Devo retormar aqui um tópico e ressaltar que pode parecer exagero termos que permear a história do Brasil desde 2013, passando por uma eleição e um mandato inteiro até chegar aonde queremos: 2018, como diz o nome do livro. Mas é impossível tratar das eleições de 2018 sem antes entendermos todos os precedentes que nos levaram ao ponto que chegamos. Primeiro porque não passamos por um mandato inteiro de forma tão simples, entre 2013 e 2018 tivemos uma das maiores e mais importantes manifestações populares do Brasil, uma Copa do Mundo épica, a morte muito suspeita de um presidenciável, uma reeleição, um impeachment, e uma das maiores operações contra a corrupção no mundo.

Mas, voltando, após o gigante acordar, não vamos dizer que ele adormeceu tão simplesmente, mas talvez ele tenha pegado um sono leve, ou as pernas ficaram dormentes, e ele estava acordado mas não conseguia se levantar, ou teve uma paralisia do sono, ou um sonho lúcido, enfim, devaneios da autora. Porém, a realidade é que não precisou passar muito tempo pra todos aqueles ânimos exaltados e união brasileira e patriarca se dispersarem, e é muito curioso como de repente, após tantas manifestações unificadas contra o governo, contra a corrupção, contra o retrocesso, dividir a população que outrora tão unida, mesclada e diversificada, agora são dois times rivais, como Flamengo e Fluminese, ou Santos e Corinthians, e quem não teve um lado definido nessa história ou era criança ou velho demais, ou alienado demais para entender tudo o que aconteceu. E por que a população se dividiu assim tão rapidamente? Por causa do futebol. Sim, o país que está cansado de ser conhecido pelo samba, carnaval e futebol, se dividiu justamente por causa do futebol.

Após o #VEMPRARUA, usado por praticamente todo o Brasil que nunca havia se preocupado com a política, e não usado por uma pequena parcela já militante que se achava superior demais para se unir com as camadas mais populares e menos teóricas, temos a primeira grande divisão, e como só poderia ser assim, a Guerra Fria Brasileira se dá através das hashtags. Seria cômico se não fosse trágico. Começa então a primeira briga de hashtags: #NÃOVAITERCOPA versus #VAITERCOPA.

Nesse momento, começa a ficar mais claro quem está de cada lado, aqueles que são contrários a copa são em sua maioria a esquerda brasileira ou uma parcela que está começando a se apropriar dos movimentos políticos nesse momento e fará parte mais tarde da esquerda. Sobretudo, jovens universitários e secundaristas, os mesmos que manifestavam que não era só pelos 20 centavos, enquanto os favoráveis a copa, são em sua maioria a classe média que acha que a visita dos estrangeiros trará grandes benefícios para o turismo, ou uma camada da população que apenas gosta muito de futebol e acha que política e futebol não se misturam e querem ver a seleção ganhar.

Ainda em 2013, uma brasileira, que se identifica como Carla, posta um vídeo em inglês com legendas em português no Youtube, que se torna viral, intitulado como "Don't come to Brazil" (tradução livre: Não venha para o Brasil). E no vídeo Carla expunha o porquê não iria à Copa e por que outras pessoas não deveriam ir.

Em seu vídeo, Carla diz que a Copa do Mundo vai custar aproximadamente 30 bilhões de dólares, mais do que as três últimas Copas que juntas custaram aproximadamente 25 bilhões de dólares. Então Carla questiona: "Em um país que o analfabetismo pode atingir 21% e é em média 10%. Um país que é número 85 no ranking de desenvolvimento humano e onde 13 milhões passam fome todo dia, e onde muitas pessoas morrem esperando por tratamento médico. Esse país precisa de mais estádios?"

Carla questiona a posição dos políticos que afirmam que a Copa no Brasil é o incentivo que o Brasil precisava para melhorar, levantando o seguinte ponto: que país precisa de incentivo para cuidar da sua população? E afirma que a população sequer verá o dinheiro que irá entrar, quem verá são aqueles que já têm dinheiro. Nada mais real. Parafraseando *As Meninas* com o sucesso *Xibom Bombom* lançado em 1999: "Analisando essa cadeira hereditária, quero me livrar dessa situação precária, onde o rico cada vez fica mais rico, e o pobre cada vez mais fica mais pobre, e o motivo todo mundo já conhece, é que o de cima sobe e o de baixo desce, bom xibom xibom bombom, bom xibom, xibom bombom".

Nota da autora/pausa cultural: eu poderia ter não citado os xibom bom bom repetidos na música para parecer uma música séria e grande crítica a sociedade, mas é o Brasil, em 1999 eu tinha 3 anos e tava cantando e dançando essa música sem nenhuma consciência de classe, e a falta de consciência de classe não era só pelos meus 3 anos de idade, acredite, em 1999 90% da população não tinha consciência de classe. Se eu perguntar hoje, à minha mãe, sobre o que essa música falava ela responderá que era apenas uma música para dançar, como o clipe nos mostrava com as mulheres rebolando na tela.

Enfim, assim como Carla, muitos tinham inúmeras críticas à Copa, uma vez que o país passava por tantos problemas, mas tenho alguns apontamentos quanto a isso. A sede da Copa do Mundo de 2014 foi anunciada em 2007, e só houve manifestações contrárias a ela em 2013, um ano antes. Ok, que bom, que demorou, mas o país acordou, e está brigando pelos seus direitos, antes tarde do que nunca, mas talvez a Copa não seja o problema em si, só uma parte de todas as questões no país.

As eleições também se aproximavam e parte da população ainda estava confusa, parte do #NÃOVAITERCOPA era de esquerda a favor do PT, parte não sabia exatamente seu lado, mas era contra o PT, e parte apoiava o PT. Enquanto os #VAITERCOPA eram em sua maioria contra o PT, tanto os da direita quanto da esquerda. É confuso, mas existem alguns conflitos sobre o PT. Apesar de ser um partido da "esquerda" o Partido dos Trabalhadores nunca adotou práticas realmente de esquerda, era muito mais um partido centralizado que favorecia ambos os lados, do que um partido de esquerda. Mas não podemos negar que o PT tirou milhões da miséria, principalmente no Nordeste, mas tanto a esquerda quanto a direita tinha críticas ao PT, em compensação tinha uma parcela grande da população que vangloriava o PT, costumávamos chamar até de Lulistas, pois estes veneravam o ex-presidente Luis Inácio Lula da Silva.

Fazendo um grande resumo de toda essa movimentação: houveram algumas pequenas manifestações para impedir os jogos, mas foram inúteis e rapidamente contidas pela polícia. Houveram vaias contra a presidenta durante os jogos, mais inúteis ainda. #TEVECOPA, e foi linda? Não. Se pudessem voltar no tempo talvez os #VAITERCOPA virariam a casaca e se uniriam aos #NÃOVAITERCOPA.

Capítulo 2.1: O 7x1

Pretendo não me prolongar muito neste subcapítulo e fazer um apanhado geral para darmos ênfase aos capítulos mais relevantes, digamos assim.

A seleção brasileira chega à semifinal e enfrenta a Alemanha pela 22ª vez, sendo 12 vitórias para o Brasil, 4 vitórias alemãs e 5 empates. A última partida que jogaram em uma Copa do Mundo foi na final da Copa do Mundo FIFA de 2002, na Coreia do Sul e no Japão, onde os brasileiros foram campeões ao ganharem de 2 a 0, ambos gols marcados por Ronaldo.

Ambas as equipes iniciaram a partida atacando, com o brasileiro Marcelo finalizando no 3º minuto e com o alemão Sami Khedira finalizando no 7º minuto. Aos 11 minutos, os alemães marcaram seu primeiro gol. Após o escanteio cobrado por Toni Kroos, Thomas Müller escapou da marcação de David Luiz na área adversária, e chutou para dentro do gol. Nos minutos seguintes, o Brasil tentou responder imediatamente, mas seus ataques foram sem sucesso. Mas, aos 23 minutos, a Alemanha marcou novamente, depois que Kroos e Müller tocaram para Miroslav Klose, que marcou no rebote após seu remate inicial ser salvo pelo goleiro Júlio César. Foi o 16º gol de Klose na Copa do Mundo, superando Ronaldo como o maior artilheiro da história das Copas .

O gol de Klose deu início a uma sequência de gols alemães. Kroos marcou mais dois gols em uma rápida sequência: aos 24 minutos, marcou em um voleio após cruzamento de Lahm, e aos 26 minutos, apenas alguns segundos após do pontapé de saída do Brasil, Kroos roubou a bola que Fernandinho acabava de receber, e em seguida articulando com Sami Khedira para fugir da defesa brasileira marcou novamente, apenas 70 segundos após seu primeiro gol. Três minutos depois, o mesmo Khedira projetou-se ao ataque, tabelou com Mesut Özil e fez o quinto gol. Todos os cinco primeiros gols da Alemanha vieram na primeira meia hora de jogo, com quatro deles em um espaço de tempo de seis minutos. O Brasil não tinha chutes a gol durante este espaço de tempo. Muitos torcedores do Brasil na arquibancada foram reduzidos às lágrimas e um estado de choque tomou conta dos torcedores brasileiros. O receio de poder haver represálias da torcida brasileira fez a Polícia Militar aumentar seu efetivo no estádio

Substituições do Brasil com a saída de Fernandinho e Hulk para a entrada de Paulinho e Ramires resultou em uma força maior do Brasil no início do segundo tempo, que forçou o goleiro alemão Manuel Neuer para salvar finalizações de Oscar, Paulinho e Fred. No entanto, no minuto 60, os alemães chegaram perto de marcar novamente, quando Júlio César defendeu duas finalizações de Müller. O sexto gol alemão veio no minuto 69, quando Lahm tocou para André Schürrle, que foi deixado sem marcação e chutou a bola para marcar o gol. No minuto 79, Schürrle novamente recebeu cruzamento de Müller e acertou uma chute que bateu na baliza e entrou no gol. Neste ponto, com o sétimo gol, os torcedores brasileiros remanescentes aplaudiram a seleção alemã. Perto do fim, Özil recebeu uma bola na área e quase marcou o oitavo gol. Segundos depois, o Brasil rompeu a defesa alemã e Oscar marcou no minuto 90, pra finalizar a partida. Os jogadores brasileiros deixaram o gramado em lágrimas e debaixo de um coro de vaias.

Marcello Casal Jr/Agência Brasil, 2014.

Toni Kroos foi eleito o Man of the Match (Homem do Jogo, em português), com 3 finalizações, 2 gols, 93% de passes certos, 1 assistência e 2 chances criadas. O atacante brasileiro Fred, que foi substituído por Willian aos 70 minutos, recebeu duras críticas dos torcedores brasileiros. De acordo com a Opta Sports, Fred não conseguiu correr ou fazer uma intercepção durante a partida, e passou a maior parte do tempo em posse de bola no ponto central, devido a seis reinícios de jogo (o jogador foi substituído antes do sétimo gol alemão).

Agência Brasil, 2014.

Na época, pensamos que o 7x1 seria a maior vergonha mundial brasileira.

Capítulo 3: Classe média sofre

Sou classe média
Papagaio de todo telejornal

Eu acredito
Na imparcialidade da revista semanal

Sou classe média
Compro roupa e gasolina no cartão

Odeio "coletivos"
E vou de carro que comprei a prestação

Só pago impostos
Estou sempre no limite do meu cheque especial
Eu viajo pouco, no máximo um pacote CVC tri-anual

Mas eu "to nem ai"
Se o traficante é quem manda na favela
Eu não "to nem aqui"
Se morre gente ou tem enchente em Itaquera

Eu quero é que se exploda a periferia toda
Mas fico indignado com estado quando sou incomodado
Pelo pedinte esfomeado que me estende a mão

O pára-brisa ensaboado

É camelo, biju com bala

E as peripécias do artista malabarista do farol

Mas se o assalto é em Moema
O assassinato é no "Jardins"
E a filha do executivo é estuprada até o fim

Ai a mídia manifesta a sua opinião regressa
De implantar pena de morte, ou reduzir a idade penal

E eu que sou bem informado concordo e faço passeata
Enquanto aumenta a audiência e a tiragem do jornal

Porque eu não "to nem ai"
Se o traficante é quem manda na favela
Eu não "to nem aqui"
Se morre gente ou tem enchente em Itaquera

Eu quero é que se exploda a periferia toda
Toda tragédia só me importa quando bate em minha porta
Porque é mais fácil condenar quem já cumpre pena de vida

Classe Média – Max Gonzaga

A música *Classe Média* de Max Gonzaga traz uma dura e importante crítica à classe média. Acontece um fenômeno curioso no Brasil que entre miseravelmente pobre e estupidamente rico, todos se identificam como classe média. Sabe aquele seu amigo que ganha 3.000,00 reais por mês? Ele é classe média. O que ganha 10.000,00 também. E todos eles curiosamente se acham mais perto dos estupidamente ricos que ganham milhões por mês, do que dos que ganham um salário mínimo. Em sua maioria são trabalhadores ou prestadores de serviço, ou pequenos comerciantes, e ao invés destes se identificarem com a classe trabalhadora, se identificam com a elite e se dizem politicamente de direita.

Repito, não existe consciência de classe no Brasil, isso cria esse incrível fenômeno que faz trabalhadores que ganham 3 salários mínimos se acharem muito distantes daqueles que ganham apenas 1, isso cria uma enorme desuminazação, alienação, e não reconhecimento entre as pessoas. Existe um abismo entre essas pessoas, e isso é fundamental para a divisão ficar cada vez mais clara.

Capítulo 3.1: Eleições de 2014

Após a Copa do Mundo em 2014, um momento decisivo para os próximos anos, como sempre é, é a eleição presidencial. Mas é em 2014, que definimos o que é a esquerda e o que é a direita no Brasil, e definimos de uma vez por todas qual é a guerra entre a população aqui: e é, de fato, entre esquerda e direita. Mesmo que boa parte, de ambos os lados, sequer saiba o que significa estes dois posicionamentos/ideologias.

Para contextualizar, em 31 de outubro de 2010, no segundo turno das eleições de 2010, Dilma Rousseff do Partido dos Trabalhadores (PT), ex-ministra chefe da Casa Civil do governo Lula, se tornou a primeira mulher eleita para a presidência da República do Brasil após derrotar o então candidato do Partido da Social Democracia Brasileira (PSDB) José Serra. A campanha foi dominada por temas morais e religiosos, sendo a candidata petista atacada por grupos religiosos conservadores onde era acusada de apoiar o terrorismo, o aborto e a corrupção.

A abstenção foi alta, superando a marca de 20 milhões de eleitores. No primeiro turno, a polarização entre PT e PSDB, presente na política nacional desde 1994, foi ameaçada pela votação expressiva em Marina Silva, ex-ministra do meio ambiente do governo Lula, então no Partido Verde, que obteve cerca de 19,6 milhões de votos. O segundo mandato de Luiz Inácio Lula da Silva foi encerrado, em dezembro de 2010, com uma aprovação de 87%.

O crescimento da economia nos dois primeiros anos do Governo Dilma ficou aquém do esperado, devido aos reflexos da crise mundial iniciada em 2008, com 2,7% de crescimento em 2011 e 1% em 2012. Em 2013, a economia brasileira cresceu 2,5%, índice influenciado principalmente pela agropecuária e pelo aumento da taxa de investimento.
A inflação foi mantida dentro dos limites previstos, mas sempre acima do centro da meta, o que gerou críticas à política econômica da presidente. Neste período, a taxa de desemprego também foi reduzida, onde muitas capitais atingiram o status de pleno emprego. A taxa de desemprego em 2013 caiu a 5,4%, menor patamar histórico.

Apesar dos avanços no combate à miséria, com o lançamento do Plano Brasil Sem Miséria, e ao desmatamento, o governo Dilma encontrou dificuldades em áreas como reforma agrária, reforma política, reforma tributária, e no diálogo com as centrais sindicais, todas bandeiras históricas do Partido dos Trabalhadores, o que geraram críticas à presidente dentro do seu próprio partido. Na área educacional, apesar do ritmo lento de expansão de creches, institutos federais de tecnologia e universidades federais, o governo logrou êxito com os programas Ciência sem Fronteiras e Pronatec. Outros êxitos do governo incluem a aprovação do Vale Cultura e a ampliação do programa habitacional Minha Casa, Minha Vida e dos programas Farmácia Popular e Brasil Sorridente. Teve destaque ainda a implantação da Comissão Nacional da Verdade, que teve por finalidade apurar graves violações de direitos humanos ocorridas entre 18 de setembro de 1946 e 5 de outubro de 1988, o que inclui o período da ditadura militar.

Voltando a 2014, as candidaturas só foram oficializadas pelos partidos entre 10 e 30 de junho de 2014, mas os partidos políticos do país começaram a definir seus candidatos à presidência antes do período.

No 14º Encontro Nacional do Partido dos Trabalhadores (PT), realizado no início de maio de 2014, foi oficializada a pré-candidatura de Dilma Rousseff à reeleição, pondo fim às especulações de que o ex-presidente Luiz Inácio Lula da Silva poderia vir a disputar novamente a presidência da República. Uma semana depois, dirigentes do Partido do Movimento Democrático Brasileiro (PMDB) se reuniram na capital federal e chegaram à conclusão de que o vice-presidente Michel Temer deveria continuar como companheiro de chapa de Dilma.

Em 10 de outubro de 2013, o Partido Socialista Brasileiro (PSB) definiu que o ex-governador de Pernambuco, e ex-aliado do PT, Eduardo Campos seria o candidato à presidência pela legenda, após ter deixado os cargos no governo federal em 18 de setembro daquele ano. Em 28 de novembro, a ex-ministra do meio ambiente Marina Silva, que não conseguiu legalizar seu partido, a Rede Sustentabilidade, a tempo para as eleições de 2014 e acabou se filiando ao PSB, anunciou que Campos seria o candidato do PSB à presidência, pondo fim às especulações de que ela poderia encabeçar a chapa do partido. No dia 14 de abril de 2014, Marina foi confirmada como candidata a vice-presidente na chapa do ex-governador pernambucano.

Em 19 de novembro de 2013, o Partido da Social Democracia Brasileira (PSDB) definiu que o senador por Minas Gerais, Aécio Neves, seria o candidato à presidência da sigla. O ex-governador de São Paulo e candidato derrotado em 2010 José Serra tentou se firmar como candidato pelo partido mas não conseguiu apoio suficiente dentro do partido. Em 16 de dezembro de 2013, Serra publicou um curto comunicado em sua conta no Facebook desistindo da indicação do partido.

Em 1º de dezembro de 2013, o Partido Socialismo e Liberdade (PSOL) havia escolhido o senador pelo Amapá, Randolfe Rodrigues, como candidato do partido para a presidência. Ele havia derrotado a pré-candidata Luciana Genro em votação promovida no 4° Congresso Nacional do partido. Porém, em 13 de junho de 2014, o PSOL anunciou que o senador desistiu da candidatura a presidente pelo partido e que ele seria substituído por Luciana. Na nota em que divulgou a desistência de Randolfe, o PSOL afirmou que o senador saiu da disputa para "construir uma alternativa política contra o retorno das forças conservadoras no estado do Amapá" e que a opção "representa um prejuízo na construção de uma alternativa de esquerda nestas eleições".

Em 22 de março de 2014, o Partido Verde divulgou nota oficializando a candidatura de Eduardo Jorge à presidência da República pela sigla. Durante evento realizado na Assembleia Legislativa de São Paulo no mesmo dia, o pré-candidato apresentou o documento "Viver bem, viver verde", com as diretrizes para a elaboração de um programa do PV para uma eventual gestão à frente do Governo Federal.

O deputado Pastor Everaldo do Partido Social Cristão (PSC) também colocou seu nome como pré-candidato à presidência da República, assim como o ex-deputado federal e três vezes candidato a presidente José Maria Eymael do Partido Social Democrata Cristão (PSDC) e o presidente do Partido Renovador Trabalhista Brasileiro (PRTB), Levy Fidelix, que disputou a presidência em 2010. Outros candidatos de 2010 que anunciaram que concorrerão novamente foram José Maria de Almeida do Partido Socialista dos Trabalhadores Unificado (PSTU) e Rui Costa Pimenta do Partido da Causa Operária (PCO). Por fim, o Partido Comunista Brasileiro (PCB) anunciou que escolheu Mauro Iasi para representar a sigla na disputa à presidência.

A advogada Denise Abreu lançou sua pré-candidatura pelo recém-criado Partido Ecológico Nacional (PEN), porém encontrou resistência dentro do partido, dificuldades de estrutura de campanha e falta de planejamento. No último dia para a realização de convenções partidárias, o PEN comunicou ao PSDB seu apoio formal à candidatura de Aécio.

Em junho de 2014, já na campanha eleitoral para a Presidência da República, uma reportagem da Folha de S. Paulo revelou que o governo de Minas Gerais gastou quase 14 milhões de reais para construir um aeroporto dentro de uma fazenda de um parente de Aécio quando ele estava no segundo mandato como governador do Estado. Construído no município de Cláudio, o aeroporto ficou pronto em outubro de 2010 e era administrado por familiares de Aécio. As polêmicas em torno do assunto consumiram o tempo de exposição de Aécio, e acabou por prejudicar sua imagem nos momentos iniciais da campanha, onde teve que defender-se das acusações instauradas. A administração do aeroporto, em 2014, ainda não havia sido liberada pela Agência Nacional de Aviação Civil, porém o candidato admitiu que houve a operação de algumas aeronaves no local, algumas em que o mesmo havia sido o mandatário, cometendo uma infração de prejuízo à segurança aérea.

O Partido dos Trabalhadores, que pediu investigação por improbidade administrativa, acabou por, numa propaganda eleitoral de Dilma Rousseff, escalando uma ex-presidente do Sindicato dos Jornalistas de Minas Gerais para acusar Aécio de censura. Ela disse que o episódio do aeroporto era conhecido há tempos pelos jornalistas mineiros, porém a informação de que o mesmo havia sido construído em terras pertencentes a familiares do candidato Aécio seriam conhecidas somente na reportagem da Folha. O caso foi previamente arquivado em 9 de outubro de 2014, para não causar influências no período eleitoral, retornando à sua jurisdição logo após o mesmo.

Em 13 de agosto de 2014, o candidato Eduardo Campos embarcou em um avião modelo Cessna Citation Excel que saiu do Rio de Janeiro em direção ao município de Guarujá para cumprir agenda de campanha. Por volta das 10hs, o avião, após arremeter devido ao mau tempo, caiu em cima de um quintal em Santos, no bairro do Boqueirão, matando os sete ocupantes e ferindo 6 pessoas em solo.

Faltando pouco tempo para concluir o trajeto e no horário previsto, quando ia efetuar o pouso, o piloto arremeteu. Atribui-se isso à falta de visibilidade da pista, devido ao mau tempo.

Os investigadores acreditam que, após arremeter, o piloto buscou fazer uma volta enquanto esperava melhorar o tempo para então tentar um novo pouso. Nesse momento se deparou com o problema que causou a queda, então buscando fazer um pouso de emergência numa área isolada, no caso, em um quintal próximo a uma piscina. Uma testemunha que mora perto do local do acidente diz ter visto uma "bola de fogo caindo do céu". Um ajudante de armador que estava trabalhando no topo de uma obra que fica a 250 metros do local onde o avião caiu viu quando o avião passou perto dessa região: "Foi passando, inclinado, pegando fogo na asa e passou por detrás do prédio bege, a meia altura, e caiu inclinado".

A caixa preta do avião foi encontrada no mesmo dia do acidente e logo encaminhada para o Laboratório de Leitura e Análise de Dados de Gravadores de Voo, um dos departamentos do CENIPA, com sede em Brasília. Porém, os técnicos do laboratório concluíram que as duas horas de áudio do gravador de voz, capacidade máxima de gravação do equipamento, não eram do voo acidentado. Não ficou claro aos investigadores as razões pelas quais a gravação era de outro momento. O funcionamento de tal item é obrigatório e sempre deve ser verificado pelo comandante, porém, essa regra não vale para voos não remunerados. Nesse modelo de Cessna, as caixas pretas gravam apenas a voz, e não os todos os dados de voo.

No dia 20 de agosto foi divulgado um vídeo em que pode se ver a aeronave caindo em direção ao solo, sem sinais de fogo, fumaça ou danos à aeronave, intrigando os investigadores e apontando a uma possível falha humana.

A morte de Eduardo Campos fez com que todo o rumo das eleições fosse alterado. O Partido Socialista Brasileiro (PSB), partido ao qual

Eduardo Campos pertencia, teve dez dias para apresentar um novo candidato à presidência. A expectativa de um nome para suceder Campos gerou muitas especulações e repercutiu internacionalmente. A coligação "Unidos pelo Brasil" decidiu aguardar as cerimônias fúnebres e o enterro das vítimas para discutir se Marina Silva assumiria a cabeça de chapa ou se então um novo nome seria divulgado. Entretanto, já no terceiro dia foi dito como certo a escolha de Marina. O irmão de Eduardo, Antônio Campos, também defendeu que Marina devesse encabeçar a chapa de disputa à presidência.

Na primeira pesquisa de intenções de votos após a morte de Eduardo Campos, realizada pelo Datafolha durante os dias 14 e 15 de agosto, incluíram Marina como substituta de Campos, e ela obteve cerca de 21% dos votos, contra 8% que ele havia conseguido na última pesquisa; desse modo, superou o Aécio Neves e estaria válida para um segundo turno. Na simulação de primeiro turno, os demais candidatos não tiveram perdas de voto, porém o índice de indecisos e nulos foi bastante reduzido. Na simulação de segundo turno, houve empate técnico entre Marina e Dilma.

No dia 16 de agosto, o PSB escolheu a ex-senadora e candidata a vice de Campos para ser a nova candidata do partido à presidência. Quando Marina Silva foi oficializada como substituta de Eduardo Campos, os partidos membros da coligação Partido Social Liberal (PSL) e PHS expressaram crítica pela indicação dela, alegando a falta de diálogo e confiança se ela manteria as promessas firmadas com Campos. O PSB já havia buscado evitar esses problemas, indicando como vice-presidente Beto Albuquerque, um político de confiança de Campos. Marina afirmou que as alianças seriam mantidas, afirmando: "Essa foi a construção que fizemos e obviamente é a construção que está mantida", porém, iria se preservar, deixando de participar de palanques da qual discorda, sendo substituída pelo vice.

No dia 22 de agosto, Marina Silva e Beto Albuquerque foram registrados no Tribunal Superior Eleitoral (TSE), como candidata à presidência e vice, respectivamente. Apesar dos atritos e ameaças, nenhum partido deixou a coligação. Porém, o coordenador-geral da campanha deixou o cargo por desacordo com a escolha da Marina.

Na segunda pesquisa de intenções de votos com Marina Silva como candidata à presidência, feita pelo Ibope entre os dias 23 e 25 de agosto, não houve empates. No primeiro turno, Dilma teria 34% dos votos, Marina 29%, e Aécio 19%. No segundo turno, Marina ganharia de Dilma com uma diferença de 9%. Na pesquisa anterior foram feitas entrevistas apenas em São Paulo, o que difere desta, na qual foram feita pesquisas em diversos estados. Também fora constatado que a rejeição de Marina era muito menor do que a de Aécio e Dilma, sendo, respectivamente, 10%, 18% e 36%. Porém, com o passar do tempo e a cada nova pesquisa de opinião, o índice de votos dela se reduzia, chegando até a 21%, contra 23% de Aécio Neves, na última pesquisa realizada pelo Ibope.

Com o resultado oficial do primeiro turno, as figuras e partidos políticos já começaram a definir quem iriam apoiar no segundo turno, optando entre Dilma Rousseff do Partido dos Trabalhadores e Aécio Neves do Partido da Social Democracia Brasileira, ou pela neutralidade.

Logo após o resultado final do primeiro turno ser divulgado, a terceira colocada, Marina Silva, sinalizou apoio a Aécio, mas nada foi oficializado, e dois dias depois, a candidata impôs condições para o apoio dela à Aécio, que não aceitou mudar seu programa de governo apenas para obter o apoio dela. Aécio recebeu o apoio do responsável pela área econômica do programa de governo de Marina Silva, Eduardo Giannetti da Fonseca. No dia 12 de outubro, a candidata Marina Silva declarou seu apoio à candidatura de Aécio Neves (PSDB).

Os principais partidos da coligação de Marina Silva oficializaram apoio a Aécio Neves. O Partido Popular Socialista (PPS) formalizou o apoio à Aécio no dia 7 de outubro de 2014 por decisão unânime do Partido. O Partido Socialista Brasileiro (PSB) definiu apoio a Aécio no dia 8 de outubro, em uma reunião da Executiva Nacional do partido, onde 21 integrantes votaram a favor do apoio à Aécio, enquanto 6 integrantes votaram pela neutralidade.

O Partido Verde (PV) e seu candidato a presidência, Eduardo Jorge, oficializaram no dia 8 de outubro, por 33 votos a favor e 6 contra, o apoio a Aécio, e a mesma posição foi tomada no mesmo dia pelo Partido Social Cristão (PSC), e seu candidato a presidência, Pastor Everaldo. O Partido Social Democrata Cristão (PSDC) também anunciou apoio a Aécio.

O Partido Socialismo e Liberdade (PSOL) e sua candidata a presidência, Luciana Genro, optaram pela neutralidade, mas repudiaram o voto em Aécio, sugerindo à militância votar branco, nulo, ou em Dilma. O Partido Socialista dos Trabalhadores Unificado (PSTU) optou pela neutralidade, e recomendou somente o voto nulo.

No dia 15 de outubro, Levy Fidelix anunciou o apoio dele e de seu partido, o Partido Renovador Trabalhista Brasileiro (PRTB), a Aécio.

A contagem dos votos foi iniciada às 17 horas, no horário local de cada estado. Os primeiros resultados foram divulgados nos estados das regiões Sul e Sudeste, além do estado de Goiás e o Distrito Federal, que estavam na área de abrangência do horário de verão. Logo em seguida, o restante da região Centro-Oeste (Mato Grosso e Mato Grosso do Sul), a região Nordeste, além dos estados do Amapá, Pará e Tocantins iniciaram a apuração dos votos. Em outro fuso horário, os estados de Rondônia, Roraima e parte do Amazonas também iniciaram a apuração logo depois. Por último, parte do estado do Amazonas e o Acre iniciaram a apuração. Entre o momento do início da computação dos votos, até o encerramento em definitivo dos resultados, foram sete horas de diferença ao total em cada turno.

No primeiro turno, realizado no dia 5 de outubro, a candidata Dilma Rousseff ficou na primeira posição, com 41,59% dos votos válidos, enquanto Aécio Neves atingiu 33,55% e Marina Silva atingiu 21,32%. Luciana Genro atingiu 1,55% dos votos válidos, enquanto os outros candidatos (Pastor Everaldo, Eduardo Jorge, Levy Fidélix, José Maria de Almeida, José Maria Eymael, Mauro Iasi e Rui Costa Pimenta) atingiram menos de 1% dos votos válidos. Os votos em branco e nulos somaram 9,64% dos votos. A taxa de abstenção foi considerada elevada pelo governo, atingindo 19,39% dos votantes aptos, considerando que o voto é obrigatório no Brasil. Por não atingir maioria absoluta dos votos, foi necessária a realização de um segundo turno entre os dois candidatos mais votados, ou seja, Dilma e Aécio.

No segundo turno, o pleito seguiu as mesmas regras. A presidente da República, Dilma Rousseff, foi reeleita para o cargo, no período original de 2015 a 2018, após acumular mais de 54 milhões de votos, correspondendo a 51,64% dos votos válidos. Aécio Neves, ficou na segunda colocação, com mais de 51 milhões de votos, correspondendo a 48,36% dos votos válidos. Os votos brancos e nulos neste turno somaram 6,34%, número bastante inferior comparando-se com o primeiro turno. Por outro lado, a abstenção aumentou consideravelmente no segundo turno, atingindo a marca de 21,1%, ou seja, mais de 30 milhões de eleitores aptos a votar não compareceram no dia 26 de outubro.

Contudo, apesar de ser eleita, Dilma já tinha grande rejeição, muito disso pelas manifestações de Junho que acabou por atacar diretamente seu governo. E foi um dos momentos que pudemos ver claramente que o que faz o brasileiro votar é muito mais o ódio a alguém, do que o favoritismo a outrem. Mesmo com todos os escândalos na campanha de Aécio, por muito pouco Dilma saiu vencedora no segundo turno.

Dilma Roussef/Imagem da Internet

Capítulo 3.2: A Revolta das Panelas

A partir de 2014, logo após os resultados das eleições, iniciou-se no Brasil uma crise econômica, trazendo como uma de suas consequências a forte recessão econômica, levando a um recuo no Produto Interno Bruto (PIB) por dois anos consecutivos. A economia contraiu-se em cerca de 3,8% em 2015 e 3,6% em 2016. A crise também gerou um alto nível de desemprego, que atingiu seu auge em março de 2017 com uma taxa de 13,7%, representando mais de 14 milhões de brasileiros desempregados.

Em 2016, os efeitos da crise econômica foram amplamente sentidos pela população, que precisou adaptar as contas para a realidade financeira. De acordo com uma pesquisa realizada pela Confederação Nacional da Indústria (CNI) no ano, quase metade dos entrevistados (48%) passou a usar mais transporte público e 34% deixaram de ter plano de saúde. O aprofundamento da crise levou 14% das famílias a trocarem a escola dos filhos de particular para pública em junho, com percentual superior aos verificados em 2012 e 2013, antes da crise. Além disso, os consumidores trocaram produtos por similares mais baratos (78%), esperaram liquidações para comprar bens de maior valor (80%) e pouparam mais para o caso de necessidade (78%).

No primeiro trimestre de 2017, o PIB subiu 1%, sendo o primeiro aumento após oito quedas trimestrais consecutivas. O Ministro da Fazenda Henrique Meirelles disse que, neste momento, o país "saiu da maior recessão do século".

Ainda em 2014 iniciou-se também no país uma crise política. O estopim desta crise ocorreu no dia 17 de março de 2014, quando a Polícia Federal do Brasil iniciou uma série de investigações que ficaria conhecida como Operação Lava Jato, inicialmente investigando um esquema de corrupção e lavagem de dinheiro na ordem de bilhões de reais envolvendo diversos políticos dos maiores partidos do país.

A operação teve impacto direto na política do país, contribuindo para a impopularidade do governo Dilma, bem como, posteriormente, para a do governo Michel Temer, à medida em que diversos de seus ministros e aliados viraram alvos da operação, dentre eles Geddel Vieira Lima e Romero Jucá. A operação continuou em andamento com 51 fases operacionais e desdobramentos.

Os protestos contra o governo Dilma Rousseff, em decorrência de resultados da Operação Lava-Jato, ocorreram em diversas regiões do Brasil tendo como principais objetivos o impeachment da presidente.

Em 08 de março de 2015, a presidenta Dilma Rousseff usou o pronunciamento em rede nacional pelo Dia Internacional da Mulher para fazer uma longa defesa ao ajuste fiscal e pedir "paciência" e "compreensão" dos brasileiros porque, segundo ela, a atual situação é "passageira". Afirmando que o governo está usando "armas diferentes e mais duras" das que foram utilizadas na primeira fase da crise, em 2008, ela ressaltou que todos terão de fazer "sacrifícios temporários" e arrematou dizendo que são suportáveis, pois tem "o povo mais forte do que nunca".

Durante o pronunciamento - a transmissão começou às 20h40 no horário de Brasília e se estendeu por 16 minutos - houve protestos em diversas cidades. Pessoas foram às janelas gritar "Fora Dilma". Em São Paulo, maior metrópole do País, xingamentos se misturavam com panelaços e buzinaços em bairros como Higienópolis, Perdizes, Aclimação, Ipiranga, Lapa, Moema, Vila Marina, Mooca e Santana. Curiosamente, todos bairros nobres.

Também houve protestos em bairros de Brasília, Rio, Porto Alegre, Curitiba e Belo Horizonte, onde os gritos contra a presidente, além do panelaço, se repetiram. Muitos acendiam e apagavam as luzes durante o discurso.

À tarde, grupos pró-impeachment de Dilma espalharam mensagens via celular convocando a manifestação. Nas redes sociais, os grupos Vem Pra Rua e Revoltados On Line, por exemplo, fizeram chamados para o panelaço.

Panelaço no Brasil/Imagem da Internet

O grande problema é o fato de 80% daqueles que pediam impeachment, não entender como o mesmo funciona. Muitas pessoas não sabem desta parte, mas a denúncia que inicia um possível processo de impeachment pode ser realizada por qualquer cidadão brasileiro – tenha ele um cargo político ou não.

Basta que entregue a denúncia acompanhada de provas e cinco testemunhas com a assinatura reconhecida por cartório para algum representante do poder Legislativo de mesma instância (vereadores, deputados estaduais ou federais).

Se considerado pertinente por quem recebeu a denúncia, o processo começará a ter andamento. É possível, no entanto, que o legislador não considere aquela denúncia válida, o que torna importante que você não entregue a única via de suas provas, caso tenha a intenção de denunciar um político.

Naturalmente, quem toma o poder de um presidente, governador ou prefeito, no caso da perda de mandato, é o seu vice. No entanto, pode acontecer a situação na qual o vice também perde o seu mandato – algumas vezes, em conjunto com o titular eleito.

Neste caso, o presidente da câmara legislativa daquela instância assume o poder temporariamente. Em âmbito federal, seria o presidente da Câmara dos Deputados. É responsabilidade de este terceiro sucessor realizar novas eleições (caso o impeachment ocorra nos primeiros dois anos de mandato, ou promover eleições internas no Poder Legislativo) para definir o novo presidente (quando o processo ocorre após os dois primeiros anos).

Muitos, ao clamar pelo impeachment da presidenta, achavam que imediatamente haveria uma nova eleição, ou que Aécio, como segundo presidenciável mais votado, assumiria o cargo.

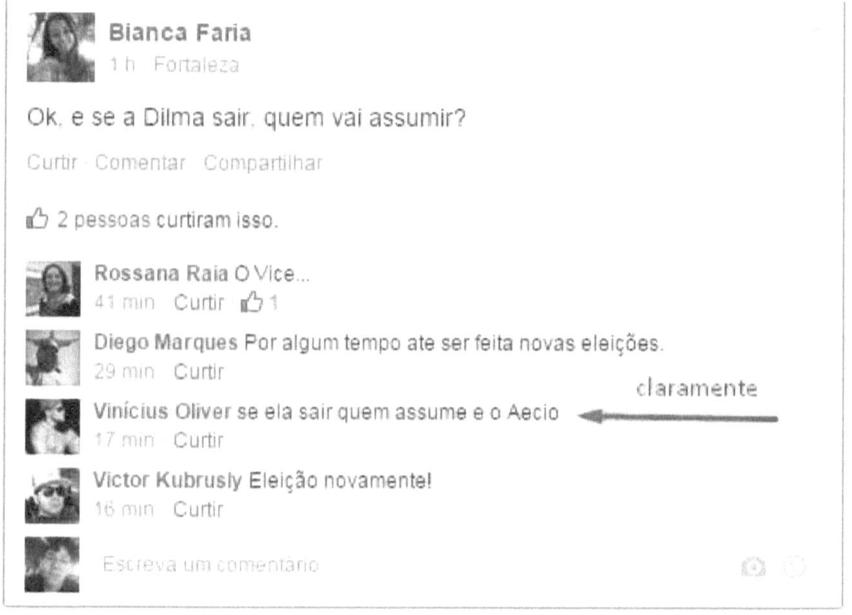

Imagem da internet

Outro usuário, no twitter, brinca com a situação:

Imagem da internet

E o pior de tudo: essa não foi a ideia mais absurda na política brasileira. Temo que talvez teria sido uma boa opção, inclusive.

Capítulo 3.3: O Pato

Não vou pagar o pato, ou Chega de pagar o pato, é uma campanha nacional da FIESP iniciada em 3 de setembro de 2015, pelo presidente da entidade Paulo Skaf, contra o aumento de impostos e contra a volta da CPMF (Contribuição Provisória sobre Movimentação Financeira). A campanha foi criada com objetivo de conscientizar a população sobre a carga de impostos e evitar um novo aumento da carga tributária. Mais de 100 representantes dos setores da indústria, agricultura e comércio também estão participando da campanha.

Segundo Paulo Skaf, que lançou o programa, embora reconhecendo que o ajuste fiscal precisa ser feito, acredita que deva ocorrer corte de gastos e não aumento da carga tributária. Após ser questionado sobre o corte de despesas, Skaf afirmou que os especialistas do Governo devem fazer uma avaliação sobre onde poderiam incidir os cortes, afirmando ainda que os governistas não têm vontade política de tomar a decisão correta. "A sociedade já disse não à CPMF. O que a sociedade quer é que o governo reduza os seus gastos, melhore a sua gestão, acabe com os desperdícios, acabe com a corrupção", disse o presidente da Federação das Indústrias do Estado de São Paulo (FIESP).

O Pato Gigante na Esplanada dos Barreiros/Imagem da Internet

A primeira ação da campanha ocorreu no dia 1 de outubro de 2015, quando foi colocado um pato inflável de 22 metros de altura na frente do Congresso. Além disso cerca de mil patos infláveis pequenos também foram colocados no espelho d'água em frente do Poder Legislativo. O idealizador da ação foi o marqueteiro Renato Pereira.

A campanha apoiou o processo de impachment de Dilma Rousseff colocando cinco mil pequenos patos na Esplanada dos Ministérios, em março de 2016. No mesmo mês, um pato inflável gigante foi colocado no meio de uma manifestação contra o governo Dilma Rousseff na Avenida Paulista. A campanha ultrapassou 1 milhão de assinaturas contra a recriação da CPMF, quando chegou a ser discutido a volta do imposto no governo Dilma, pelo então ministro da fazenda Joaquim Levy. A campanha investiu bastante em publicidade, foram distribuídos diversos patinhos em frente ao Congresso Nacional além do enorme pato inflado tanto em Brasília como na Avenida Paulista. Foram divulgados banners amarelos com mensagens como "Impeachment Já" em jornais de grande circulação como O Estado de S. Paulo e Folha de S.Paulo, tanto em suas versões impressas como nas versões digitais.

Capítulo 3.4: Tchau, querida ou O Golpe

Este capítulo, não do livro, mas da história brasileira, dividiu muitas opiniões, inclusive dentro da esquerda. A primeira opinião é apenas a manutenção da democracia, onde ficou conhecido o jargão "Tchau, querida", afinal numa democracia temos o direito de tirar alguém que foi eleito por nós mesmos. Outra parcela, sobretudo da esquerda, mas não toda, acredita em um golpe de Estado.

Já explicamos anteriormente como se dá o processo de impeachment e os precedentes que nos trouxeram até aqui. Mas, afinal, é adequado chamar de 'golpe de estado' a deposição de Dilma, em maio de 2016? Ou a expressão deve ser dispensada de plano, como mera manifestação ideológica sem nenhum significado? Essa questão certamente estará por muito tempo presente na história política brasileira, marcando toda uma geração. Mas será mesmo fácil respondê-la? (HOLMES, 2016)

Primeiramente, devemos levar a sério a pergunta, se queremos respondê-la com sobriedade, seja positiva ou negativamente. Dispensá-la de antemão significa nada menos que uma decisão ideológica prévia, normalmente a atitude dos que apoiaram cegamente a deposição.

Afinal de contas, a palavra golpe foi utilizada não apenas pelos setores da sociedade que apoiavam a presidenta deposta. Além de setores da oposição ao governo, importantes e insuspeitos veículos de imprensa, como jornais reconhecidamente liberais, publicaram artigos e reportagens em que a palavra golpe foi utilizada para se referir aos acontecimentos no Brasil. Sem falar em jornais como o New York Times que, mesmo sem usar a palavra, referiu-se ao impeachment, em forte editorial, como um mecanismo com frágeis bases jurídicas, articulado por políticos sabidamente corruptos, para depor uma presidenta que não havia cometido crimes.

O Tagesspiegel, veículo que nem de longe pode ser chamado "esquerdista", chegou a dizer que não importavam mais os motivos,"as elites econômicas, o conglomerado Globo e a classe alta branca querem que Dilma saia", de modo que "não seria exagerado falar em um golpe frio" no Brasil. O Zeit, um dos mais importantes jornais alemães, de conhecida inclinação liberal e de centro-direita, chamou a deposição presidencial de "o complô de Brasília" (das Brasilia-Komplott).

O Guardian, dos mais importantes jornais do mundo, publicou vários artigos em que articulistas tratavam o impeachment como um golpe em curso, arquitetado por grupos econômicos de mídia e setores da oposição que haviam perdido as eleições. E, em editorial, o jornal afirmou que o impeachment era um paradoxo, pois a "presidenta não havia sido implicada no escândalo da Petrobrás" e "os fundamentos para seu impeachment" eram nada menos que o padrão de comportamento de todos os governantes no Brasil.

Vários outros jornais seguiram a mesma linha de raciocínio. E alguns entre os mais importantes jornais alemães, suíços, austríacos e espanhóis utilizaram a palavra golpe para descrever os acontecimentos. O El País, mais importante diário espanhol, chegou a afirmar, também em editorial, que a presidenta teria sido deposta por um "processo irregular". E jornais norte-americanos, como o Washington Post, entre outros, chamaram a atenção para o fato de que o processo de impeachment era extremamente frágil e preocupante diante do longo passado de golpes do país.

Também diversas organizações internacionais usaram a palavra golpe para se referir aos fatos. Em vista da longa história de golpes e rupturas democráticas da América Latina, instituições como a CEPAL (ONU) e as secretarias gerais da OEA e da UNASUL expressaram suas fortes dúvidas sobre a legalidade do processo. E até mesmo o governo conservador da Argentina levantou a hipótese de que o impeachment era uma ruptura democrática capaz de ocasionar a suspensão do Brasil do MERCOSUL.

Por fim, o Papa Francisco também revelou temor de que estivesse a acontecer no Brasil o que ele chamou de "golpe de estado branco".

Apesar disso, os que apoiaram a deposição da presidenta no Brasil insistem em que a palavra golpe é inaplicável. E até mesmo ministros do Supremo Tribunal Federal difundiram o argumento de que falar em golpe seria uma ofensa às instituições, um gravíssimo erro.

Mas o que é um golpe? Será mesmo que o uso da palavra à situação brasileira é assim tão absurdo como alguns querem fazer crer? (HOLMÊS, 2016)

De fato, pode ser um problema banalizar o uso da palavra golpe, utilizando-a em toda e qualquer ocasião como sinônimo de "deposição" de líderes eleitos. Perder-se-ia, assim, a especificidade do termo, levando-se a uma banalização que o poderia fazer coincidir com formas legítimas de mudança de governo. Afinal de contas, há mecanismos constitucionais e legais de deposição presidencial. Faz-se então necessário um esclarecimento do significado da palavra, sobretudo em seu contexto político contemporâneo.

Uma definição mais simples aponta que um 'golpe de estado' ocorre quando há uma mudança de governo realizada sem participação popular. O Dicionário Houaiss, por exemplo, define o golpe de estado como a "tomada inesperada do poder governamental pela força e sem a participação do povo". Ou ainda como o "ato pelo qual um governo tenta se manter no poder além do tempo previsto".

Uma análise mais cuidadosa, porém, demonstra que essa definição é um tanto pobre e mesmo insuficiente. E um olhar para a história do conceito certamente pode lançar luzes sobre seu significado.

Com efeito, a história do conceito de coup d'etat parece indicar que, em sua origem, a locução se refere a arranjos ou atos governamentais para a manutenção do poder. Foi neste sentido que Gabriel Vaudé se referiu ao conceito em 1639, em um dos primeiros registros de uso do termo. Ele menciona a noção de coup d'etat quase como sinônimo de razão de Estado (raison d'etat), significando por exemplo a eliminação de adversários como forma de manutenção do poder pelos governantes. Apenas posteriormente, a palavra francesa ficou associada à tomada do poder estatal por algum grupo político. Na língua alemã, por outro lado, a palavra de origem suíça Putsch tem o registro mais antigo em 1431. Com o passar do tempo ela se tornou, porém, em grande medida equivalente à expressão francesa coup d'etat, servindo para designar "a tomada do poder direta por setores minoritários, sem a participação popular".

Contemporaneamente, a definição de golpe parece ter incorporado definitivamente um significado jurídico-constitucional. Nesse sentido, a enciclopédia francesa Larousse define o golpe de estado como uma "violação deliberada das formas constitucionais por um governo, uma assembleia ou um grupo de pessoas que detêm autoridade".

Historicamente, não há nenhuma implicação direta entre o uso do termo golpe de estado e o recurso à violência. Bem ao contrário. Tanto definições vernaculares como os exemplos utilizados para ilustrá-las dizem respeito a mudanças de governo sem a participação popular, com ou sem o uso de violência. Isso aponta para o fato de que uma definição técnico-teórica mais cuidadosa teria de levar em conta que golpes de estado podem tomar as mais diversas formas.

Essa é, aliás, a intuição básica do conhecido Dicionário de Política organizado por Norberto Bobbio, Nicola Matteucci e Gianfranco Pasquino. Ali, o autor do verbete lembra que o "significado da expressão 'golpe de estado' mudou com o tempo", manifestando-se o fenômeno, nos nossos dias, de formas bem diversas do que se manifestava no passado, seja no que diz respeito aos atores que o praticam como também ao modo como se realiza. Segundo o autor, "apenas um elemento se manteve invariável, apresentando-se como um traço de união entre estas diversas configurações: o golpe de estado é um ato realizado por órgãos do próprio Estado".

Nesse sentido, ainda segundo o léxico, é importantíssimo esclarecer que nem todo golpe é necessariamente um golpe militar, sendo este apenas uma espécie do gênero golpe de estado. Golpes de estado podem certamente ser realizados por militares. Mas podem também ser levados a cabo por outros setores. Essencial é, porém, segundo o dicionário, que ele seja perpetrado por atores vinculados ao próprio aparato do Estado, sejam eles do executivo, legislativo ou judiciário (ou, por que não, ministério público).

Isso distinguiria o golpe de estado também de uma revolução. O primeiro consistiria em uma ruptura com a ordem constitucional realizada por membros da ordem política estatal para a tomada do governo sem que necessariamente estivesse implicada uma transformação das relações sociais mais estruturais da sociedade. Em revoluções, por seu turno, seriam necessárias mudanças profundas, normalmente envolvendo amplos setores sociais e, portanto, transformações para além das estruturas de governo.

Nesse sentido, afirmar que a deposição de um mandatário eleito não pode ser golpe por ter sido chancelada pelo legislativo ou pelo judiciário, em lugar de afastar a possibilidade de uso do termo, confirma a possibilidade mesma de que ele seja utilizado. Em outras palavras: um golpe só é um golpe, se for perpetrado por algum órgão do Estado.

Importante dizer, nesse sentido, que países como o Brasil estão entre aqueles que estiveram mais expostos a golpes de estado em sua história. Aliás, modelo estatístico de previsão produzido a partir de ampla base de dados sobre a história dos golpes de estado no mundo colocava o Brasil entre aqueles países mais sujeitos a um golpe de estado no ano de 2015.

E a ideia de que manifestações populares de oposição podem servir como gatilho para a detonação de golpes de estado por elites políticas e econômicas encontra forte apoio em evidências. Nesse sentido, contextos políticos em que elites políticas e econômicas detêm muito poder e veem o surgimento de algum apoio popular, mesmo que pequeno, em favor de uma mudança de regime, sobretudo na forma de protestos de rua, são, segundo a literatura especializada, altamente propícios para a eclosão de golpes.

Isso nos leva finalmente ao ponto fundamental. A deposição da presidenta Dilma Roussef foi um golpe de estado?

Como dissemos acima, a participação do congresso e do judiciário em um processo de deposição não exclui, de modo algum, a possibilidade de uso da expressão golpe para designar a mudança de governo. Em verdade, a existência de interferência clara de órgãos do próprio Estado é inerente à própria definição de golpe.

Por outro lado, o argumento básico para negar que houve um golpe de Estado no Brasil é o de que o impeachment é instituto processual previsto no art. 86 da Constituição Federal e que, portanto, a sua aplicação jamais poderia ser considerada um golpe de estado. O cumprimento de procedimentos formais afastaria, assim, a possibilidade de uso da palavra 'golpe' para descrever a deposição de um mandatário.

Para além da falácia de petição de princípios (petitio principii), há nesse argumento uma outra falha fundamental.

Primeiramente, quem alega que não haveria golpe, porque cumprido o procedimento, não faz mais do que afirmar com a conclusão sua própria premissa inicial. É, afinal, uma tautologia – e toda petição de princípios é tautológica – afirmar que "não há golpe," se "não há golpe". E exatamente nisso consiste a afirmação de que o impeachment constitucional não é golpe de estado, pois respeita a constituição.

Ora, se um procedimento judicial é obedecido à risca, mas a sua condução, a formação da vontade dos julgadores e as suas motivações não têm qualquer justificativa compatível com as suas condições formais e materiais, sendo apenas resultado de decisão política no interesse de um grupo particular, este será nada menos que um procedimento aparente (Scheinverfahren).

Imaginemos, por exemplo, que um senador articulasse, com autorização do Vice-Presidente da República, um acordo que envolvesse juízes da suprema corte, setores das forcas armadas e parlamentares, para aprovar uma emenda que autorizasse a aplicação da pena capital ao Presidente da República brasileiro.

A emenda, claramente inconstitucional, poderia ser aprovada pelas duas casas do congresso e, logo depois, confirmada em sua constitucionalidade pela corte suprema. Assim, seguindo todos os ritos formais e procedimentais a corte poderia argumentar, por exemplo, que estaríamos a assistir a uma mutação constitucional a autorizar uma interpretação confirmatória de tal emenda, à revelia do art. 5°. Estaríamos nesse caso assistindo a um golpe de Estado ou a um legítimo processo autorizado pelos legítimos intérpretes da constituição? Os defensores cegos de que o "procedimento formal" legitima tudo estariam obrigados a afirmar que não haveria golpe, mas sim uma "mudança constitucional".

Não gostaria de retomar aqui longos argumentos acerca da aplicabilidade do impeachment ao caso em curso. Em artigo escrito em coautoria, ainda em setembro de 2015, apontamos as dificuldades para a comprovação de existência de crime de responsabilidade contra a presidenta Dilma Roussef.

Em parecer aprofundado, Marcelo Neves também apontou a inexistência de crime de responsabilidade, seja por conta da ausência de ato atentatório à constituição, seja graças ao fato de que o processo de impeachment aberto contra a presidenta se baseava em atos aprovados pelo congresso (decretos de abertura de crédito orçamentário). Além disso, segundo o autor, o processo em curso no parlamento dizia respeito ao exercício de 2015, cujas contas ainda não haviam sido sequer julgadas. Nem pelo TCU – órgão meramente consultivo – nem pelo congresso, a quem cabe sua a aprovação ou reprovação (art. 49, IX, CF).

Com efeito, o próprio relator das contas presidenciais de 2014 no Tribunal de Contas da União afirmou à imprensa, numa clara violação do princípio da isonomia, que seu relatório seria pela reprovação (repito das contas de 2014, que não eram o objeto do processo de impeachment, que tratava das contas ainda não apreciadas de 2015) graças à impopularidade da presidenta. Algo que, segundo ele, jamais aconteceria com um presidente popular como Lula, por exemplo.

A pergunta sobre existência de um golpe de estado no Brasil não pode se limitar contudo à questão jurídica acerca da existência do crime de responsabilidade. Segundo a definição que vimos acima, para que exista um golpe é necessário que haja a conspiração de um grupo político, majoritário ou minoritário socialmente, para a tomada do poder com uma ruptura da legalidade, com ou sem o uso da força. Finalmente, teríamos visto um golpe acontecer no Brasil?

Novamente, temos que retomar à história e a história da deposição da presidenta Dilma Roussef não pode ser contada sem que seja mencionado, inicialmente, o fato de que amplos setores da oposição não aceitaram os resultados das eleições de 2014.

Já em novembro de 2014, antes mesmo da posse da presidenta eleita e do aprofundamento da crise econômica, setores oposicionistas exigiam a sua saída. A radicalização oposicionista tomava forma tão virulenta que sinalizava claramente a impossibilidade de um diálogo: os resultados eleitorais não seriam suficientes para fazê-los aceitar o governo eleito. E o que era uma posição de setores mais radicais se tornou ao longo de 2015 a posição oficial e explícita da oposição parlamentar.

O agravamento da crise econômica, ao longo de 2015, foi associado aos explosivos desdobramentos da operação Lava-Jato que atingiam diretamente os partidos da base do governo, principalmente o PP, o PMDB e o PT. Acuado pelas ameaças de cassação de seu mandato, depois da revelação de que era beneficiário de várias contas na Suiça, o Presidente da Câmara, Eduardo Cunha, aceitou o pedido de impeachment formulado por advogados ligados ao PSDB em dezembro de 2015. O ato de aceitação se deu um dia depois que o partido do governo decidiu votar favor da abertura de processo de cassação contra ele no conselho de ética da Câmara dos Deputados.

O procedimento de impeachment cumpriu, de fato, formalidades – embora elas também sejam objeto de profundas dúvidas. Ele foi albergado por uma série de controversas decisões do Supremo Tribunal Federal. A primeira delas apenas definiu o rito procedimental. Outras, contudo, mostraram que o STF não interferiria de modo algum no curso do processo. Na ADI 5.498/DF, o Tribunal se negou a considerar possíveis ilegalidades durante a votação, como a ordem de votação e a orientação por bancadas. E, no mandado de segurança n. 34.130/DF, o STF negou o pedido da anulação da votação do relatório da comissão na Câmara. Nesse caso, a defesa alegava que a comissão havia aceitado apenas dois dos três pontos da peça acusatória. Apesar disso, o Dep. Jovair Arantes fez conter todos os três pontos em seu relatório, o que houvera impossibilitado a defesa de enfrentar todas as alegações.

Esses e outros problemas fizeram com que muitos acusassem o tribunal de certa conivência com o processo de deposição. E as suspeitas sobre a existência de um golpe de estado em curso só aumentaram. Não sem razões.

Primeiramente, viu-se uma cadente trajetória no respeito à legalidade por parte de agentes públicos responsáveis pela operação Lava-Jato. Violações claras de direitos foram perpetradas. Segundo gravações divulgadas pela imprensa, o Ministério Público constrangeu abertamente testemunhas, com a prática ilegal de ameaças para que praticassem delações. Um juiz de primeira instância violou inclusive o sigilo telefônico presidencial e, mesmo consciente de que havia gravado conversas da presidenta e que, portanto, tinha obrigação legal de enviá-las para o STF, decidiu vazar ilegalmente seu conteúdo para conhecida empresa de comunicação. Como apontou Marcelo Neves, tratou-se aqui de claro ato criminoso, previsto como tal na legislação penal.

A comoção política causada pelas seguidas fases da operação, que envolviam políticos corruptos de vários partidos, facilitaram por outro lado uma mobilização social que possibilitaria uma conspiração de elites econômicas e políticas para a derrubada da presidenta.

Com efeito, segundo o jornal Estado de São Paulo, a deposição da presidenta foi objeto de cuidadoso preparo. Em reportagem publicada um dia antes da votação sobre o juízo de admissibilidade na Câmara, o diário apontava que:

> Durante um ano, entre abril do ano passado e este abril, dito o mais cruel dos meses, o deputado federal Heráclito Fortes (PSB-PI) reuniu, em sua casa do Lago Sul, à média de dois jantares por mês, um grupo de parlamentares da oposição, experientes e/ou influentes, para discutir a crise

político-econômica e, principalmente, o impeachment da presidente Dilma Rousseff.

Segundo a reportagem, esses encontros – regados a vinhos caríssimos, pelos quais, nas palavras do então deputado e depois ministro interino Mendonça Filho, os convivas jamais poderiam pagar – serviam para discutir as várias opções para a deposição da presidenta. O mais ilustre dos convidados foi, segundo os próprios participantes, o ex-ministro do Supremo Tribunal Federal e ex-ministro da defesa Nelson Jobim, que havia sido o responsável por "aprofundar a compreensão técnico-jurídica das possibilidades do impeachment – e sua formatação política em diversos cenários".

A mobilização de setores da oposição durante meses para um grande ato público marcado para o dia 13 de março de 2016, com forte apoio das principais empresas de comunicação (inclusive aquelas com conhecido passado de apoio a golpes de estado), foi fundamental para facilitar as articulações de gabinete em favor da deposição. Importante dizer que esses movimentos de rua eram diretamente financiados por recursos dos partidos de oposição, provenientes do fundo partidário ou, possivelmente, de recursos também ilícitos. Afinal de contas, um dos apoiadores mais importantes era o deputado Eduardo Cunha.

Poucos dias antes das grandes manifestações, em 9 de março, um jantar com apenas nove homens na casa de um senador da oposição selou o futuro da presidenta. O partido do Vice-Presidente da República passaria a articular abertamente o apoio congressual ao impeachment juntamente com o grupo que há mais de um ano conspirava pela mudança do governo.

No dia 05 de abril, o Vice-Presidente se afastou da presidência de seu partido, e o senador Romero Jucá, também investigado pela Lava-Jato, tornou-se presidente do PMDB. A partir de então, Jucá era o principal articulador autorizado a agir em nome do Vice-Presidente, fazendo acordos e oferecendo cargos – como amplamente noticiado por jornais, TVs e websites. Ele era o responsável por negociar os mais diversos benefícios em um futuro governo em troca de apoio para a aprovação do impeachment no congresso.

Mas também o Vice-Presidente conspirava abertamente pela derrubada da presidenta, como ficou evidenciado com o vazamento supostamente involuntário do já célebre "ensaio" de discurso de posse.

A votação da autorização para abertura do processo de impeachment na Câmara dos Deputados, no dia 17 de abril, foi um capítulo à parte. Não apenas por ter sido o palco de exóticas e esdrúxulas manifestações de narcisismo e idiossincrasias pessoais e familiares, aliás ridicularizadas mundialmente. Tampouco por ter demonstrado o baixo preparo dos parlamentares para o exercício de suas responsabilidades. Ali se tornou, afinal, patente que o processo de impeachment não tratava de modo algum da apuração do cometimento de crimes de responsabilidade, mas apenas de uma decisão política: ele era nada menos que um acordo de elites políticas para a derrubada da presidenta da república.

Imagem da internet

Depois que a presidenta foi afastada, no dia 11 de maio de 2016, graças à aceitação do processo pela maioria do senado, parecia que a consumação do impeachment se daria de forma tranquila. E o argumento de que a deposição havia sido um golpe perderia força.

O novo governo foi composto em grande parte pelos setores da oposição que perderam as eleições – com ampla participação, inclusive, dos parlamentares que participavam dos jantares conspiratórios do Deputado Heráclito Fortes. Todos colocados, aliás, em cargos chave da administração. Desse modo, realizava-se uma transição não eleitoral de governo, aparentemente legitimada por um procedimento formalmente hígido do ponto de vista jurídico.

Mas as revelações feitas no dia 23 de maio causaram uma reviravolta sem precedentes no curso do processo, com profundos danos para a versão difundida pelo novo governo. A plausibilidade do argumento de que o impeachment seria um mecanismo regular de alternância de poder foi definitivamente arruinada.

Em gravações feitas sem seu consentimento em março de 2016 - ou seja, no auge das articulações para abertura do processo -, o presidente do PMDB, Senador Romero Jucá, fazia explícita referência à conspiração organizada e acordada (em um "pacto") com os mais altos órgãos do Estado brasileiro em favor da deposição da presidenta Dilma Roussef.

Nos áudios divulgados pela Folha de São Paulo, Jucá conversava com interlocutor preocupado com a possibilidade de ser atingido pela Operação Lava-Jato, fazendo afirmações surpreendentes:

"Conversei ontem com alguns ministros do Supremo. Os caras dizem 'ó, só tem condições de [inaudível] sem ela [Dilma]. Enquanto ela estiver ali, a imprensa, os caras querem tirar ela, essa porra não vai parar nunca'. Entendeu? Então... Estou conversando com os generais, comandantes militares. Está tudo tranquilo, os caras dizem que vão garantir. Estão monitorando o MST, não sei o quê, para não perturbar."

Ora, não é possível afirmar que o senador, presidente do partido do Vice-Presidente, notório articulador do impeachment, participante das reuniões da oposição organizadas para discutir a deposição da presidenta e tornado um dos mais importantes ministros do governo interino pudesse ser um ator secundário, irresponsável e irrelevante em tal trama.

Como apontou o Guardian, em reportagem publicada no mesmo dia, tais revelações trouxeram à tona "os motivos ambíguos e a natureza maquiavélica" da armação arquitetada para derrubar a presidenta Roussef. Segundo o Zeit, alemão, o governo interino seria composto por um "bando de gangsteres" (eine Gangsterbande), que articulou "deputados, senadores e vários membros das mais altas cortes judiciais, para paralisar investigações contra si", depondo a presidenta da república.

Se um golpe de estado consiste, segundo a definição que apreciamos acima, na tomada do poder com a violação de regras constitucionais e sem a participação popular, por meios violentos ou não, o processo de impeachment da presidenta Dilma Roussef deve ser necessariamente analisado sob nova perspectiva.

Em verdade, o que se pode perceber é que houve uma articulação consciente e planejada para derrubar um governo eleito, fazendo-se uso de meios completamente ilegais. A distribuição de vantagens, a ocupação de cargos e, sobretudo, a promessa de paralisação de investigações capazes de incomodar políticos acusados de corrupção foram os instrumentos encontrados pelos grupos conspiradores, todos detentores de altos cargos no legislativo e no judiciário, para derrubar a presidenta. Tudo isso em benefício de grupos que usufruiriam do poder e tentariam se livrar de investigações, algo extremamente relevante num parlamento em que grande número de membros responde a processos.

Por fim, tratou-se de uma deposição presidencial tramada por um Vice-Presidente e um senador que foi flagrado propondo explicitamente a deposição da presidenta como a melhor solução para limitar as investigações contra si e seus aliados.

Segundo Romero Jucá, a queda da presidenta seria o resultado de um "pacto" que incluiria juízes da suprema corte e o assentimento de setores das forças armadas, numa votação decidida por acordos partidários no congresso, sem o consentimento de eleições populares e livres. Segundo o senador, inclusive "já havia caído a ficha" do principal partido de oposição, o PSDB, de que a deposição era um imperativo para paralisar a "sangria" ocasionada pela Lava-Jato, que logo o atingiria.

A consumação do golpe confirmou aquilo que eram apenas ilações: vários dos ministros interinos nomeados estavam envolvidos na Lava-Jato e em outros escândalos de corrupção. E o mais importante: a maioria deles havia participado diretamente dos convescotes e articulações conspiratórias para depor a presidente.

Por fim, resta difícil negar que, nesse caso, o particular se subsume no universal, que a realidade representa de forma perfeita o conceito. Em outras palavras, é muito difícil não perceber que os acontecimentos representam de maneira exemplar a definição mais básica de golpe de estado.

E, assim, o ônus argumentativo está definitivamente invertido. Do ponto de vista histórico, cabe aos que defenderam o golpe demonstrar que ele não existiu. Pois, desde uma perspectiva teórica, prática, fática e mesmo lexical, o que vimos acontecer no Brasil, entre abril e maio de 2016, foi um clássico golpe de estado.

PS: O dia votação acerca do impeachment na câmara dos deputados foi televisionado, lembro-me de assistir, um por um, dos deputados votando contra ou a favor, aqueles que votavam contra, que também eram a maioria, usavam de discursos como "pela família, eu voto sim", "pela moral, eu voto sim", e por aí vai, mas um fala destaca-se em meio a todas elas, é a fala do deputado Jair Messias Bolsonaro: "Nesse dia de Glória para o povo brasileiro, tem um nome que entrará pra história nessa data, pela forma como conduziu os trabalhos nessa casa. Parabéns presidente Eduardo Cunha. Perdendo em 64, perdendo agora em 2016, pela família e pela inocência das crianças em sala de aula que o PT nunca teve. Contra o comunismo, pela nossa liberdade, contra a Folha de S.Paulo, pela memória do Coronel Carlos Alberto Brilhante Ustra, o pavor de Dilma Roussef, pelo exército de Caxias, pelas nossas Forças Armadas. Por um Brasil acima de tudo e por Deus acima de todos, o meu voto é sim."

Carlos Alberto Brilhante Ustra foi um coronel do Exército Brasileiro, ex-chefe do DOI-CODI do II Exército (de 1970 a 1974), um dos órgãos atuantes na repressão política, durante o período da ditadura militar no Brasil . Também era conhecido pelo codinome Dr. Tibiriçá.

Em 2008, Ustra tornou-se o primeiro militar condenado pela Justiça Brasileira pela prática de tortura durante a ditadura, tendo torturado inclusive, a então jovem Dilma Roussef. Embora reformado, continuou politicamente ativo nos clubes militares, na defesa da ditadura militar e nas críticas anticomunistas.

Não me posicionarei a respeito da fala do então deputado Jair Messias Bolsonaro. Reflita, você, leitor, sobre a mesma.

Capítulo 4: Governo Temeroso

Algo que me sinto, nesse momento, na necessidade de pontuar é que embora eu tenha um lado nessa história e opiniões muito convictas. Iniciei a escrita deste livro tentando ser o mais imparcial possível e assim estou tentando ser até o final, contudo é impossível analisar todo esse trecho da história do Brasil a partir do senso comum, então sim, a analiso de forma crítica, mas devo frizar que todas as minhas opiniões são pautadas na verdade. Devo frizar que antecendendo o ínicio deste livro passei os últimos 5 anos estudando pelo menos 5 horas por dia, nada menos, que política, e isso inclui a atualidade. Nenhuma informação colocada aqui omite qualquer parte da história, e tece, inclusive, críticas tanto à direita quanto a esquerda.

Pois bem, retomemos. O governo Michel Temer teve início no dia 12 de maio de 2016, quando o vice-presidente da República, Michel Temer, assumiu interinamente o cargo de presidente da república, após o afastamento temporário da presidente Dilma Rousseff, em consequência da aceitação do processo de impeachment pelo Senado Federal. Concluído o processo, no dia 31 de agosto do mesmo ano, Temer assumiu o posto de forma definitiva.

Temer chegou à presidência em meio a uma grave crise econômica no país, herdada do governo anterior. Temer afirmou, no ato de posse, que seu governo haveria de ser um governo reformista. Foram trazidas à tona diversas propostas econômicas, como o controle dos gastos públicos, por intermédio da já aprovada PEC 55, que impõe limites a gastos futuros do governo federal; uma reforma trabalhista, já aprovada; a liberação da terceirização para atividades-fim, com a Lei da Terceirização; e a reforma da previdência, que o governo não conseguiu levar adiante. O governo está mais centrado em questões econômicas, com o objetivo inicial de tirar o país da recessão e retomar o crescimento. Por outro lado, houve também mudanças no campo social, como a conclusão e inauguração de parte da obra de transposição do rio São Francisco, e no campo da educação, com a reforma do ensino médio, entre outras.

Desde a ascensão de Temer ao Planalto, o envolvimento de aliados, ministros e do próprio presidente em escândalos de corrupção causa polêmicas. Mesmo assim, o governo vem conseguindo manter uma base sólida no Congresso, o que tem possibilitado a aprovação de reformas "necessárias para estimular o crescimento econômico", segundo o peemedebista. O Governo Temer, contudo, tem sido acusado por entidades e especialistas de retrocessos, notadamente nas área social e ambiental e também na condução das questões indígenas. Segundo pesquisas de opinião de institutos distintos, o governo tem a menor aprovação popular da história no País.

Nos dois anos de governo, segundo dados do Banco Central, do IBGE, do Caged e da Bolsa de Valores de São Paulo, o governo reduziu a taxa de juros de 14,25% para 6,50% ao ano; a inflação saiu de 9,32% para 2,76%; a taxa de desemprego de 11,2% para 13,1%; o dólar subiu de 3,47 para 3,60 e o índice Bovespa subiu de 48.471 pontos para 85.190 pontos. Temer aproveitou da melhoria dos índices da economia de seu governo para gravar um vídeo falando de boas notícias na economia e comparando os dados econômicos do governo Dilma. "Com estes recursos, o governo fecha as contas de 2018 e garante o cumprimento da chamada regra de ouro", disse Temer, acrescentando que "a Petrobras atingiu o maior valor de mercado da sua história, R$ 312,5 bilhões" e que o Brasil "foi considerado por 2.500 altos executivos de todo o mundo o segundo principal destino de investimentos externos dos principais setores industriais". Temer ainda afirmou que em 2017, os Correios tiveram um lucro de 667 milhões de reais. "Este, aliás, é o primeiro lucro desde 2013, quando a companhia começou a registrar prejuízos seguidos até 2016", afirmou o presidente.

Michel Temer/Imagem da internet

Além da investidura como vice-presidente junto com Dilma Rousseff em 2015, ao assumir o governo, Michel Temer tomou posse por duas vezes. Primeiro interinamente em virtude do processo de impugnação da mandatária titular e, posteriormente, com o mandato de Rousseff impedido, foi investido definitivamente no cargo de Presidente da República.

Por 55 votos a 22, o Senado Federal decidiu, às 6h34 do dia 12 de maio de 2016, abrir o processo de impeachment contra a presidente Dilma Rousseff, por entender que existiam indícios de que ela tivesse cometido crime de responsabilidade. No mesmo dia, a presidente foi informada oficialmente da decisão do Senado e do seu consequente afastamento da presidência da República até o julgamento do processo. O vice-presidente Michel Temer também foi notificado de que assumiria interinamente a presidência por, no máximo, 180 dias.

Capítulo 4.1: Primeiros dias no poder

Michel Temer nomeou Henrique Meirelles para o Ministério da Fazenda, no dia 12 de maio de 2016. O Brasil atravessava uma grave crise econômica, com a inflação chegando a 10,7 por cento em 2016. Meirelles era visto como defensor de uma posição mais ortodoxa em economia, ao contrário de seu antecessor no cargo, Nelson Barbosa, mais identificado com uma linha desenvolvimentista e um dos responsáveis pela criação da "nova matriz econômica" (baseada no tripé juros baixos, taxa de câmbio competitiva e consolidação fiscal "amigável ao investimento"). Meirelles defendeu menos intervenções do governo na economia e uma abertura maior ao comércio exterior, além de sustentar o controle de gastos para melhorar as contas públicas, como forma de proporcionar, no futuro, estabilidade na relação dívida/PIB e aumentar a confiança de investidores na economia brasileira.

Numa entrevista ao programa Fantástico, em 15 de maio de 2016, Temer refutou as críticas sobre a ausência de mulheres em sua equipe e disse que ainda pretendia ter pelo menos quatro mulheres nos ministérios. Além disso, sua esposa, Marcela Temer, deveria exercer todas as atividades sociais em seu governo. Em relação à Previdência social, ele anunciou mudanças para que os aposentados não sofressem no futuro, mas assegurou que tais mudanças não afetariam o direito adquirido, embora este nem sempre seja atingido por regras de transição. Temer declarou também que manteria os programas sociais, garantindo a sobrevivência dos mais carentes, mesmo que precisasse cortar verbas de outros setores. Sobre a reeleição, ele afirmou não ser essa a sua intenção, mas que eventualmente poderia ser candidato.

Uma das primeiras medidas de Temer foi extinguir os Ministérios da Cultura, das Comunicações e das Mulheres, da Igualdade Racial e dos Direitos humanos. Ele também extinguiu a Casa Militar da Presidência da República, o Ministério do Desenvolvimento Agrário e a Controladoria Geral da União. O Ministério da Cultura se fundiu ao da Educação, enquanto o Ministério das Mulheres, da Igualdade Racial e dos Direitos Humanos foi anexado ao Ministério da Justiça e Cidadania. A Controladoria Geral da União foi transformada em Ministério da Transparência, Fiscalização e Controle. Muitos artistas e intelectuais, como Wagner Moura e Wolf Maia, manifestaram-se contra o fim do Ministério da Cultura. Em 21 de maio, Temer recriou o ministério, sob o comando de Marcelo Calero, que até então havia sido designado como Secretário da Cultura, vinculado ao Ministério da Educação.

A equipe econômica anunciou cortes de cargos comissionados assim que foi empossada. Romero Jucá, ministro do planejamento, disse que o governo pretendia cortar até 4.000 cargos de confiança e funções gratificadas, o que representaria 18,4% do total. Henrique Meirelles, ministro da fazenda, destacou que o equilíbrio das contas públicas era essencial para recuperar a confiança do país na economia e para estimular investimentos capazes de promover o crescimento do país e a geração de empregos.

Segundo Meirelles, o rombo nas contas do governo poderia ficar acima dos 96,6 bilhões de reais em 2016. Ele não descartou o aumento de impostos, mas assegurou que isso deveria ser uma medida temporária. Para ele, uma idade mínima para a aposentadoria é fundamental para garantir o financiamento da Previdência. O ministro disse ainda que o governo poderia rever subsídios (incentivos dados a diversos setores), mas sem ferir os direitos adquiridos, e que a dívida dos Estados com a União precisaria ser equacionada.

Embora não pretendesse ter seu governo representado por um parlamentar próximo a Eduardo Cunha, o presidente interino acabou por ceder à pressão do chamado "Centrão" - bloco de 225 deputados de vários partidos, cujo apoio era necessário para aprovar importantes reformas, como a da Previdência. Assim, em 18 de maio, nomeou para a liderança do governo na Câmara o deputado André Moura, do PSC de Sergipe. Moura estava envolvido em seis inquéritos no Supremo Tribunal Federal – com acusações que iam de apropriação indébita a homicídio – e nas investigações da operação Lava Jato, por corrupção ativa, passiva e formação de quadrilha.

No mesmo dia, o governo Temer recebeu críticas da Comissão Interamericana de Direitos Humanos. A entidade manifestou preocupação com a ausência de negros e mulheres - que representam mais da metade da população brasileira - entre os ministros nomeados. O comunicado destacou que a falta de mulheres não acontecia desde a época da ditadura militar e considerou "alarmante" a eliminação do Ministério da Mulher, da Igualdade Racial e dos Direitos Humanos. Além disso, citou o anúncio de cortes nos programas sociais, lembrando que o Brasil assinou o Protocolo de San Salvador, que proíbe medidas redutoras de direitos humanos, sociais e culturais. Temer, porém, negou cortes em programas sociais.

As críticas também partiram de líderes oposicionistas no Brasil. O líder do partido Rede, deputado Alessandro Molon (RJ), afirmou que as primeiras medidas anunciadas iriam cortar direitos sociais, considerando que representavam muitos retrocessos e recuos. Molon criticou cortes em políticas sociais da área da educação, a extinção do Ministério da Cultura e a falta de mulheres no primeiro escalão governista. O deputado Edmilson Rodrigues (Psol-PA) criticou os cortes no Programa Minha Casa, Minha Vida, anunciado pelo novo ministro das cidades, Bruno Araújo. E a decisão do ministro das relações exteriores José Serra de conceder passaporte diplomático ao pastor da Assembleia de Deus Samuel Pereira, que era também acusado na operação Lava Jato, foi condenada por parlamentares, dentre eles o líder do PCdoB, deputado Daniel Almeida (BA).

Temer e sua equipe econômica/Agência Brasil

Em cerimônia realizada no Palácio do Planalto, em 24 de agosto, Temer defendeu a reforma trabalhista em planejamento e disse que seu objetivo não era retirar direitos, e sim manter empregos, pois nada fere mais a dignidade humana do que o desemprego. Em julho, o ministro do Trabalho, Ronaldo Nogueira, já havia dito que o Executivo estava tentando transformar a CLT em um uma legislação "simplificada e clara", mas, segundo ele, sem retirar os "direitos básicos" dos trabalhadores. A reforma trabalhista em gestação prestigiaria a negociação coletiva para tratar de temas como salário e tamanho da jornada dos trabalhadores, indicando que a CLT poderia ser flexibilizada nesses pontos. O ministro também disse que a proposta do governo contemplaria a regulamentação de contratos de "serviço especializado", referindo-se à possível terceirização de todos os serviços, incluindo as atividades-fim da empresa. Atualmente só se podiam terceirizar as atividades-meio.

Capítulo 4.2: Posse como Presidente da República

Temer lê o compromisso constitucional ao assumir a presidência/Imagem da internet

Em 31 de Agosto de 2016, , Michel Temer assumiu o cargo de presidente do Brasil, em cerimônia de posse no Congresso Nacional, devido a condenação de Dilma Rousseff no julgamento do impeachment. Renan Calheiros, presidente do Congresso Nacional, declarou Temer empossado para um mandato de duração de 31 de agosto de 2016 a 31 de dezembro de 2018. A cerimônia foi rápida, durou 12 minutos, e não houve discurso do presidente. Em sua primeira manifestação oficial, ele disse: "Agora nós inauguramos uma nova fase em que nós temos um horizonte de dois anos e quatro meses. E espera-se que, nesses dois anos e quatro meses, nós façamos aquilo que temos alardeado, ou seja, colocar o Brasil nos trilhos".

Após ser efetivado como presidente, em 31 de agosto, Temer fez um discurso de apenas cinco minutos. Ele defendeu sobretudo as reformas previdenciária e trabalhista: "Para garantir o pagamento das aposentadorias, teremos que reformar a previdência social. Sem reforma, em poucos anos o governo não terá como pagar aos aposentados" e "Temos que modernizar a legislação trabalhista, para garantir os atuais e gerar novos empregos", afirmou. Ele declarou que os alicerces do seu governo eram os programas sociais, a eficiência administrativa, a retomada do crescimento econômico, a geração de emprego, a segurança jurídica e "a pacificação do país". Sobre o impeachment de Dilma Rousseff, Temer disse que o processo foi democrático e que era necessário rebater a acusação de golpe. Ele ressaltou ainda que estava fazendo uma contenção de gastos do governo.

Capítulo 4.3: Operação Lava Jato

Embora seguíssemos tentando seguir uma ordem cronológica, como já vimos em outros capítulos, e ainda veremos nos próximos, por vezes será necessário voltar alguns anos atrás para entender o contexto de determinados momentos, pois o período de 2013 a 2018 foi tão conturbado que até mesmo que o vivenciou se perdeu diversas vezes diante tantos acontecimentos, há até mesmo, aqueles que sequer conseguiram acompanhar tudo o que aconteceu. Passar um dia sem televisão e internet seria o mesmo que perder um capítulo de Game of Thrones ou capítulo final da novela das 9. (Mas talvez quando esse livro for publicado a melhor referência seja mesmo "ficar um dia sem televisão ou internet seria como ficar um dia inteiro sem internet"). Resumindo, totalmente desatualizado.

Durante esse período eram comuns os memes de prints em que usários do twitter escreviam "quando passa a season finale da política no Brasil?", se referindo à política do Brasil como se fosse uma série fictícia. Ou comparando a política brasileira com séries de grande prestígio: "essa season do Brasil tá melhor que a de Game of Thrones". Portanto, faremos uma breve pausa sobre o Governo Temer, pausa esta necessária para seu total entendimento.

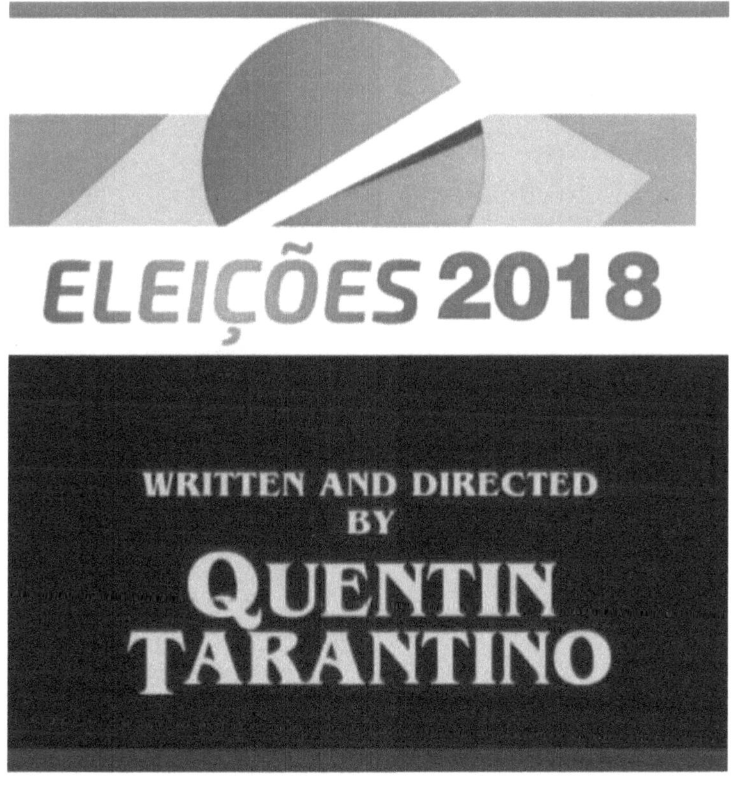

Retomando o título do capítulo, a Operação Lava Jato foi um conjunto de investigações em andamento pela Polícia Federal do Brasil, que cumpriu mais de mil mandados de busca e apreensão, de prisão temporária, de prisão preventiva e de condução coercitiva, visando apurar um esquema de lavagem de dinheiro que movimentou bilhões de reais em propina. A operação teve início em 17 de março de 2014 e conta com 55 fases operacionais, autorizadas pelo juiz Sérgio Moro, durante as quais mais de cem pessoas foram presas e condenadas. A operação investigava crimes de corrupção ativa e passiva, gestão fraudulenta, lavagem de dinheiro, organização criminosa, obstrução da justiça, operação fraudulenta de câmbio e recebimento de vantagem indevida. De acordo com investigações e delações premiadas recebidas pela força-tarefa da Operação Lava Jato, estão envolvidos membros administrativos da empresa estatal petrolífera Petrobras, políticos dos maiores partidos do Brasil, incluindo presidentes da República, presidentes da Câmara dos Deputados e do Senado Federal e governadores de estados, além de empresários de grandes empresas brasileiras. A Polícia Federal considera-a a maior investigação de corrupção da história do país.

O nome da operação deve-se ao uso de um posto de combustíveis para movimentar valores de origem ilícita, investigada na primeira fase da operação, na qual o doleiro Alberto Youssef foi preso. Através de Youssef, constatou-se sua ligação com Paulo Roberto Costa, ex-diretor da Petrobras, preso preventivamente na segunda fase. Seguindo essa linha de investigação, prendeu-se Nestor Cerveró em 2015, que depois delatou outros. Em junho, a operação atingiu grandes empreiteiras brasileiras, como a Andrade Gutierrez e Odebrecht, cujos respectivos presidentes, Otávio Azevedo e Marcelo Odebrecht, foram presos; posteriormente, muitas outras empresas de ramos diversos seriam investigadas. Ao longo de seus desdobramentos, entre outras pessoas relevantes que acabaram sendo presas graças à operação, incluem-se o ex-governador do Rio de Janeiro Sérgio Cabral, o ex-senador Delcídio do Amaral, o ex-presidente da Câmara dos Deputados Eduardo Cunha, os ex-ministros da Fazenda Antonio Palocci e Guido Mantega, o publicitário João Santana, o ex-ministro-chefe da Casa Civil José Dirceu, o empresário Eike Batista e, em abril de 2018, o ex-presidente da República Luiz Inácio Lula da Silva.

Ao final de dezembro de 2016, a Operação Lava Jato obteve um acordo de leniência com a empreiteira Odebrecht, que proporcionou o maior ressarcimento da história mundial. O acordo previu o depoimento de 78 executivos da empreiteira, gerando 83 inquéritos no STF, e de que o ministro do tribunal Edson Fachin retirou o sigilo em abril de 2017. Novas investigações surgiram no exterior a partir destes depoimentos em dezenas de países, dentre eles Cuba, El Salvador, Equador e Panamá. Em 2017, peritos da Polícia Federal levantaram que as operações financeiras investigadas na Operação Lava Jato somaram oito trilhões de reais.

Em 2017 lançou-se o filme brasileiro Polícia Federal: A Lei É para Todos, o primeiro de uma trilogia, retratando os bastidores da operação, e em março do ano seguinte, a Netflix lançou a primeira temporada da série "O Mecanismo", dirigida por José Padilha, que retrata o mecanismo da corrupção sistêmica brasileira.

Origem

Um inquérito do ex-delegado da Polícia Federal Gerson Machado em 2008 contra o doleiro Alberto Youssef, é considerado o "marco zero" das investigações que identificaram que Youssef operava às sombras após delação no escândalo do Banestado. No mesmo ano, uma investigação de lavagem de dinheiro pelo ex-deputado federal londrinense José Janene, no escândalo do Mensalão, antecedeu a Operação Lava Jato: o empresário Hermes Magnus, proprietário da Dunel Indústria e Comércio, fábrica de máquinas e equipamentos para certificação, denunciou lavagem de dinheiro por operadores do esquema, inclusive Janene, e informou que o doleiro Youssef voltara a operar.

A Polícia Federal iniciou investigação em 2009, que ao deflagrar em 2013 batizou Operação Miquéias, confirmando que o doleiro Youssef estava em atividade. Além do ex-deputado Janene, envolveram-se nos crimes os doleiros Youssef e Carlos Habib Chater. Youssef estranhou não ter sido preso na operação e desconfiou haver outra em curso. Assim, a operação Lava Jato é desdobramento da Miquéias.

Em julho de 2013, a Operação Miquéias começou a monitorar as conversas do doleiro Chater, identificando quatro organizações criminosas inter-relacionadas, cada uma liderada por um doleiro: Chater, Nelma Kodama, Alberto Youssef e Raul Srour. O monitoramento de suas comunicações revelou que Youssef, mediante pagamentos por terceiros, deu um Land Rover Evoque ao ex-diretor de Abastecimento da Petrobras Paulo Roberto Costa; a operação começou a investigar a Petrobras.

Chater era dono de um posto de combustíveis em Brasília, o Posto da Torre, onde havia uma casa de câmbio utilizada para evadir divisas do país.

Posto da Torre, Brasília, onde ficava o serviço da lava jato/Imagem da internet

Investigações

Após a Polícia Federal deflagrar a Operação Lava Jato em março de 2014, o Ministério Público Federal em Curitiba criou uma equipe de procuradores para atuar no caso. A força-tarefa do Ministério Público Federal inicialmente era composta pelos procuradores Deltan Dallagnol, Carlos Fernando Lima, Roberson Henrique Pozzobon, entre outros. Também são associados à operação um grupo de trabalho atuando junto à Procuradoria-Geral da República em Brasília, criado em janeiro de 2015 para auxiliar na investigação e acusação e dar ajuda ao procurador-geral na análise de processos em tramitação, e uma segunda força-tarefa, instituída em dezembro de 2015 pelo Conselho Superior do Ministério Público Federal, que trabalha junto ao Superior Tribunal de Justiça. Após quatro anos de operação, o procurador Carlos Fernando Lima anunciou que estaria próximo de sua aposentadoria e deixou a força-tarefa, sendo substituído pelo procurador Felipe D`Elia Camargo.

Erika Marena, delegada da Polícia Federal em Curitiba, nomeou a operação em março de 2014; deve-se ao uso de uma rede de lavanderias e postos de combustíveis pela quadrilha para movimentar os valores de origem ilícita.

2014

Até abril de 2014, a operação contava com 46 pessoas indiciadas pelos crimes de formação de organização criminosa, crimes contra o sistema financeiro nacional, falsidade ideológica e lavagem de dinheiro, tendo trinta pessoas presas, dentre elas o doleiro Youssef e Paulo Roberto Costa. Nessas medidas iniciais, a PF apreendeu mais de 80 mil documentos. A análise desse material somou-se aos monitoramentos de conversas e aos dados bancários dos investigados que foram coletados e analisados eletronicamente no Sistema de Investigação de Movimentações Bancárias. Em junho, o ex-diretor negou participação no esquema criminoso, porém, após a PF realizar buscas em empresas de familiares e encontrar indícios que o incriminavam, Costa decidiu colaborar com o MPF valendo-se do recurso da delação premiada, podendo assim obter redução de sua pena e o pagamento de multa.

Em 9 de outubro de 2014, o procurador Deltan Dallagnol calculou que as propinas recebidas pelos envolvidos no esquema de corrupção da Petrobras e outras estatais e órgãos públicos chegavam a ao menos dez bilhões de reais. Ao defender as delações premiadas como "o motor" da operação, Dallagnol lembrou que a Lava Jato começou com a investigação de um posto de gasolina suspeito de lavagem de dinheiro e chegou ao gigantesco esquema de corrupção, o maior da história brasileira. Três dias depois, a Suíça bloqueou mais de cem contas referentes a Operação Lava Jato e confiscou cerca de 400 milhões de dólares. Em 19 de outubro, o presidente do Supremo Tribunal Federal, ministro Ricardo Lewandowski, afirmou em palestra em Washington, DC que as investigações em curso sobre o escândalo de corrupção na Petrobras provocavam uma "revolução" no Brasil.

2015

Em novembro de 2015, a Polícia Federal calculou que o prejuízo causado pelas irregularidades na Petrobras descobertas pela Operação Lava Jato poderia chegar à casa dos 42,8 bilhões de reais. Oficialmente, em abril daquele ano, a Petrobras divulgou que havia tido um rombo de bilhões de reais. A cifra foi caracterizada como "conservadora" pelo presidente da empresa, Aldemir Bendine, uma vez que poderiam surgir novos fatos na investigação. O MPF considerou, em outubro, que o prejuízo passaria de 20 bilhões de reais. Em 16 de dezembro, o ex-presidente Luiz Inácio Lula da Silva prestou depoimento à Operação Lava Jato na condição de informante, não investigado, com autorização do ministro do STF, Teori Zavascki. Ao fim de dezembro, Zavascki autorizou a quebra do sigilo fiscal e bancário do presidente de Senado, Renan Calheiros, suspeito de envolvimento em fraudes na contratação de consórcio Estaleiro Rio Tietê pela Transpetro em 2010.

2016

Em janeiro de 2016, o procurador-geral da República, Rodrigo Janot, afirmou que o esquema de corrupção sustentado pelo PP desviou 357,9 milhões de reais dos cofres da estatal, entre 2006 e 2014. A investigação concentrou seus trabalhos também na atuação do PT e do PMDB no esquema. As três legendas, conforme o MPF, agiam como controladoras de áreas estratégicas da Petrobras, por meio do controle de diretorias, e beneficiárias diretas de desvios. Em fevereiro de 2016, de acordo com o jornal El País, a operação ganhou alcance internacional com a prisão do marqueteiro João Santana e com a suspeita da Odebrecht ter pago propina para Ollanta Humala, presidente do Peru.

Ainda no mesmo mês, depoimentos de Nestor Cerveró ligaram empréstimos de 12 milhões de reais ao ex-presidente Luiz Inácio Lula da Silva. Cerveró ligou sua nomeação a um cargo público em 2008 ao empréstimo. O cargo seria um reconhecimento para quitar o empréstimo considerado "fraudulento". É o primeiro delator a envolver o ex-presidente Lula diretamente no esquema. O pecuarista José Carlos Bumlai, preso na operação, teria intermediado o empréstimo.

Em 17 de março de 2016, Janot e o procurador geral da Suíça, Michael Lauber, reuniram-se em Berna para discutir cooperação em assuntos relacionados aos desvios na Petrobras. Em 22 de março, desencadeou-se a "Operação Xepa" em oito estados, focando em obras feitas pela Odebrecht. Foi a primeira vez que iniciativas do chamado Legado Olímpico ficaram sob a mira das investigações. Os nomes das obras do Rio de Janeiro aparecem em uma série de planilhas e mensagens de correio eletrônico apreendidos com a ex-secretária do "Setor de Operações Estruturadas" da empreiteira, Maria Lúcia Tavares, que firmou acordo de delação premiada após ser presa. As investigações da operação identificaram que em 2006 o esquema de corrupção evoluiu e a Odebrecht criou a "Divisão de Operações Estruturadas", também conhecido como "departamento de propinas". Maria Lúcia Tavares controlava, na sede da empresa em Salvador, as execuções de pagamentos em espécie, mantendo uma planilha que listava as requisições semanais para entregas de dinheiro. Ela trabalhou no departamento de 2006 a 2015.

Em 4 de maio de 2016, Janot enviou ao STF um pedido de abertura de inquérito para investigar a presidente Dilma Rouseff, o ex-presidente Luiz Inácio Lula da Silva e Cardozo por obstrução à justiça em tentativa de atrapalhar as investigações da Lava Jato. No pedido de abertura do inquérito, Janot mencionou a nomeação do ministro Marcelo Navarro Ribeiro Dantas para o Superior Tribunal de Justiça em 2015, além da nomeação de Lula para ministro da Casa Civil em 2016. Em delação premiada, Delcídio e seu ex-chefe de gabinete Diogo Ferreira disseram que Navarro foi nomeado para o STJ sob o compromisso de conceder liberdade a donos de empreiteiras presos na operação. Em dezembro de 2015, Navarro votou pela libertação de Marcelo Odebrecht, mas foi vencido, por 4 votos a 1. Navarro negou tais acusações.

Em julho de 2016, a PF, o MPF, e a Receita Federal tiveram indícios de que parte do dinheiro da corrupção de estatais e empreiteiras do Brasil foi ou estava sendo "lavada" por uma rede de doleiros até então desconhecida, instalada em Angola. Um dos desdobramentos das investigações da PF aponta que Angola virou um paraíso fiscal e sedia uma nova rede de doleiros abastecidos com dinheiro oriundo da corrupção brasileira. Outros países da África, como Nigéria e Moçambique, e da América Latina, como República Dominicana, também estão na mira dos investigadores. Em setembro de 2016, a PGR prorrogou a força-tarefa da operação no Paraná até o ano seguinte.

Capítulo 4.4: Políticas Públicas no Governo Temer

Empresas Estatais

O Senado aprovou um texto que determinou que 25 por cento dos membros dos conselhos de administração devem ser independentes, ou seja, não podem ter vínculo com a estatal, nem serem parentes de detentores de cargos de chefia no Executivo. O membro deverá ter pelo menos quatro anos de experiência na área de atuação da empresa estatal, ter experiência mínima de três anos em cargos de chefia e ter formação acadêmica compatível com o cargo. Os membros independentes não podem ter sido empregados da empresa — em um prazo de três anos antes da nomeação para o conselho — nem serem fornecedores ou prestadores de serviço da estatal. O projeto proíbe que os membros desses conselhos tenham sido integrantes de estruturas decisórias de partidos políticos nos últimos três anos antes da nomeação para o conselho. As regras valem ainda para quem for ocupar vagas na diretoria das empresas estatais. Um candidato político das últimas eleições também deverá cumprir carência de três anos. Servidores não concursados com cargos comissionados da administração pública também não poderão fazer parte do conselho de administração da estatal, a menos que se exonerem. Os sindicalizados podem fazer parte dos conselhos de administração, com exceção dos diretores sindicais, que, enquanto estiverem exercendo mandatos nos sindicatos, não poderão ser membros dos conselhos. A matéria também proíbe o acúmulo de cargos de diretor-presidente da estatal e de presidente do conselho de administração. A Lei de Responsabilidade das Estatais foi aprovada em 30 de junho de 2016.

Servidores Públicos

Em 10 de junho, o governo anunciou que pretendia cortar 4.307 cargos e funções comissionados. A medida economizaria 230 milhões de reais por ano, embora isso fosse pouco diante dos 250 bilhões de reais anuais gastos com servidores ativos e inativos. A maioria desses cargos eram da classe DAS (Grupo de Direção e Assessoramento Superiores), que representavam cerca de 14% do número total de 24 250 cargos desse tipo existentes atualmente. O objetivo foi "racionalizar a atual estrutura do Poder Executivo e orientá-la para prestação de serviços à população com eficiência". Além disso, uma medida provisória deveria transformar 10 462 cargos DAS de livre provimento, que podem ser ocupados por pessoas sem concurso público, em funções comissionadas do poder executivo, as quais são exercidas por servidores concursados. Dessa forma, iria diminuir o número de pessoas sem vínculo com o serviço público.

Privatizações

Em 23 de agosto de 2017, o governo anunciou a privatização da Casa da Moeda do Brasil como parte do Programa de Parcerias de Investimento (PPI), o qual previa 57 ativos estatais para concessão ou desestatização. No mesmo dia, e também como parte do PPI, foi divulgado um calendário que previa um pacote de medidas voltadas para um leilão de outros bens públicos, como aeroportos, rodovias e terminais portuários. Havia a estimativa de arrecadar R$ 44 bilhões em investimentos ao longo da vigência dos contratos, pretendendo-se, com essa receita, melhorar a situação orçamentária e cumprir a meta fiscal do ano. O governo também já tinha anunciado a privatização da Eletrobras, por meio da venda de ações pertencentes à União; proposta esta que foi aprovada pelo conselho do PPI.

Em 27 de setembro, um leilão de quatro usinas hidrelétricas operadas pela Cemig gerou uma arrecadação de doze bilhões de reais para o governo federal. As quatro usinas são responsáveis por quase 40 por cento de toda a capacidade de geração do grupo Cemig, que tentou suspender o leilão na Justiça. Investidores chineses compraram a hidrelétrica de São Simão, a maior do concurso, enquanto um grupo francês ficou com a usina de Jaguara e a de Miranda, e representantes chilenos adquiram a usina de Volta Grande. Em Belo Horizonte, houve protestos de sindicatos e movimentos sociais contra a privatização. O leilão ocorreu na Bolsa de Valores de São Paulo.

Em 27 de outubro, o governo realizou um leilão de oito áreas de exploração do pré-sal. A Petrobras adquiriu as três nas quais tinha interesse e aceitou ceder até 80% da produção para a União, percentual muito acima dos valores mínimos propostos no edital e do valor oferecido no leilão de Libra, em 2013. Seis dos blocos oferecidos tiveram propostas. A licitação foi regida por um regime de partilha, que prevê a vitória na disputa para quem oferecer a maior fatia de petróleo ou gás excedente da produção futura para a União, considerado excedente o volume que resta após os descontos dos custos da exploração e dos investimentos. Além disso, as empresas assumiram o compromisso de pagar para a União um bônus de 6,15 bilhões de reais das concessões vendidas.

Capítulo 4.5: Outras Políticas no Governo Temer

Política de Ciência e Tecnologia

Em 12 de julho, Temer anunciou investimentos na pesquisa científica e tecnológica. Eram dois modelos, um com recursos privados e outro com recursos públicos. O primeiro seria gerenciado pela Empresa Brasileira de Pesquisa e Inovação Industrial, por meio de órgão ligados a universidades. O segundo seria gerido pela Agência Brasileira de Desenvolvimento Industrial (ABDI), que captaria recursos no mercado financeiro e os aplicaria em start-ups. O comando geral ficaria a cago dos ministérios: da Ciência, Tecnologia, Comunicação e Inovações; da Indústria e comércio Exterior; e da Educação. No entanto, os recursos liberados em 2016 foram de 500 milhões de reais, apenas 9 por cento do que foi destinado a essa área no ano anterior. Além disso, existiam outros problemas, como excesso de tributação e falta de infraestrutura.

No início de outubro de 2017, 23 ganhadores do Prêmio Nobel assinaram uma carta endereçada ao presidente Michel Temer, pedindo uma mudança na postura adotada nas áreas de ciência e tecnologia. O texto declarava que as medidas "comprometem seriamente o futuro do Brasil" e que precisavam ser revistas "antes que seja tarde demais", além de mencionar que poderia ocorrer "uma 'fuga de cérebros', que irá afetar os melhores e jovens cientistas".

O documento, encabeçado pelo físico francês Claude Cohen-Tannoudji, reforçou o coro contra o corte de 44% do orçamento do Ministério da Ciência, Tecnologia, Inovações e Comunicações de 2017, assim como um possível corte de 15,5% esperado para 2018. O orçamento projetado pelo governo em 2017 era de R$ 3,2 bilhões (depois do contingenciamento de 44% no início do ano). O valor era um terço do que a pasta tinha quatro anos antes, segundo o jornal O Globo. A proposta do governo reduziria o valor ainda mais em 2018, para R$ 2,7 bilhões.

Para Ildeu de Castro Moreira, presidente da Sociedade Brasileira para o Progresso da Ciência, a manifestação da comunidade científica internacional de altíssimo nível demonstrou a importância que a ciência brasileira ganhou no quadro internacional nos últimos anos e o quão expressivo é o desincentivo atual. "Estão todos preocupados diante do quadro de desmonte que a ciência brasileira está passando, que é muito sério e que compromete o futuro do país e o seu desenvolvimento econômico-social." Além disso, houve uma manifestação na Avenida Paulista, com cerca de duzentas pessoas contrárias ao corte de gastos.

Política Econômica

Já no início de seu mandato,o Presidente Temer sinalizou o tom da política econômica de seu governo, que teve como base as diretrizes elencadas no documento Uma Ponte Para O Futuro, elaborado pela Fundação Ulysses Guimarães. O governo Michel Temer começou com uma grave crise nas contas públicas, vindo do governo anterior. Embora o mês de abril de 2016 tenha registrado um superavit primário, o mês de maio teve um deficit - despesas superiores às receitas, sem a inclusão de juros — de 15,49 bilhões de reais. Esse foi o pior resultado para meses de maio desde o início da série histórica, em 1997, portanto, em vinte anos. Além de haver uma redução das receitas, devido à recessão, as despesas públicas em maio de 2016 avançaram 7,3 por cento sobre o mesmo mês do ano anterior. As despesas totais chegaram a 480 bilhões nos cinco primeiros meses de 2016, uma alta de 11,3 por cento na comparação com o mesmo período de 2015, enquanto as receitas totais somaram 544,91 bilhões de janeiro a maio, uma alta de 3,1 por cento em relação ao mesmo período do ano anterior. Além disso, foi o primeiro deficit registrado para os cinco primeiros meses de um ano desde o início da série histórica, em 1997. De janeiro a maio de 2016, as contas registraram um rombo inédito de 23,77 bilhões de reais. O governo justificou o desequilíbrio com gastos obrigatórios, entre eles o da Previdência.

A consequência de as contas públicas registrarem deficits fiscais seguidos é a piora da dívida pública e o aumento das pressões inflacionárias. Além disso, o Brasil, no Governo Dilma Rousseff, perdeu o chamado "grau de investimento" — uma recomendação para investir no país —, que foi retirado pelas três maiores agências de classificação de risco (Standard & Poor's, Fitch e Moody's). Para conter o problema, o governo conseguiu mudar a meta fiscal e estabelecer um teto para os gastos públicos junto ao Congresso Nacional. Outra medida foi propor uma mudança nas regras da Previdência social, cujas contas nos cinco primeiros meses de 2016 totalizaram um deficit de 49,73 bilhões de reais, significando um aumento de 81% no rombo previdenciário em relação ao ano anterior; havendo previsão de um aumento ainda maior de 146 bilhões de reais para 2017. Até 2016, já eram três anos seguidos de deficit governamental.

Em 2 de julho, o Conselho Federal de Economia (Cofecon) emitiu uma nota criticando os rumos do governo federal. Segundo o conselho, a principal razão do crescimento do deficit primário não foi a elevação dos gastos, mas a forte contração da receita, em decorrência da retração econômica e da elevação da elisão e sonegação fiscais. O texto sugeriu que o crescimento das despesas fosse atrelado ao PIB, algo que em parte já acontecia no governo da Presidente Dilma Rousseff, com a política de vincular o aumento do salário mínimo ao crescimento do país. Além disso, o texto criticou o atual sistema tributário. O país arrecadava 72 por cento dos impostos sobre o consumo e renda dos trabalhadores, contra apenas 28% sobre a renda do capital e riqueza. Na média dos países da OCDE, uma organização de países desenvolvidos e em desenvolvimento, os valores eram 33 e 67 por cento, respectivamente.

O Cofecon também entendeu que não havia mais necessidade da manutenção da taxa básica de juros no atual patamar de 14,25 por cento ao ano para combater a inflação. O governo da presidente afastada Dilma Rousseff manteve, em toda a sua primeira gestão, a inflação acima da meta (4,5% ao ano) e próxima ao teto da meta (6,5% ao ano), por meio da interferência em preços administrados, como combustíveis e passagens de ônibus. Mas, com o índice oficial de inflação registrando 9 por cento ao ano em maio e outros índices apontando tendência de aumento nos preços do atacado, a nota informou que "A tendência já está clara, que os fatores que implicaram a elevação da taxa de inflação no primeiro semestre de 2015 não se fazem mais presentes (forte correção dos preços administrados e repasse cambial), que o quadro recessivo elimina qualquer pressão de demanda e que a taxa básica de juros, portanto, já devia estar em queda desde o segundo semestre de 2015". A nota finalizou alertando para o risco de valorização da moeda nacional diante do dólar, observada no último mês. "A rápida valorização observada nas últimas semanas é funcional para a queda da inflação, mas novamente deverá colocar em cheque a indústria doméstica, dificultando a reversão do elevado desemprego", disseram os dezoito conselheiros da entidade.

Henrique Meirelles, na primeira semana como ministro da Fazenda, declarou que a situação econômica do país estava pior do que em 2003, quando ele assumiu o comando do Banco Central. Mesmo assim, sua expectativa era positiva porque o governo possuía uma agenda de reformas e uma capacidade de negociação com o Congresso. Seus objetivos eram: tirar o país da recessão; criar condições para o desenvolvimento sustentável; aumentar a confiança do país para estimular o investimento, a contratação, as vendas e a concessão de crédito, de maneira que a economia voltasse a crescer a curto prazo; estabilizar a dívida pública como um percentual do produto interno bruto e depois induzir a sua queda gradual; criar uma agenda pró-crescimento, melhorando o ambiente de negócios, o custo Brasil, a produtividade e os investimentos em infraestrutura. Meirelles acrescentou que a primeira medida era estimar o tamanho do deficit público em 2016 e então entrar em negociação com o Congresso. Além disso, falou em reduzir a máquina pública, com a extinção de ministérios e de cargos comissionados.

Em 24 de maio, Temer anunciou as medidas para controlar a dívida pública. Ele declarou que estava governando junto com o Congresso e que a aprovação da nova meta fiscal era extremamente importante, enfatizando também a necessidade de manter a tranquilidade das instituições. O presidente interino afirmou que deveria instituir critérios rígidos para a indicação dos dirigentes dos fundos de pensão e das estatais. Disse ainda que, a depender de uma avaliação jurídica, existiria a possibilidade de o Banco Nacional do Desenvolvimento (BNDES) devolver 100 bilhões de reais que recebeu do Tesouro Nacional. O governo injetou 500 bilhões de reais no banco estatal, entre 2009 e 2014, e esses recursos foram emprestados a empresas, cobrando-se juros mais baixos que os praticados no mercado.

Isso significa um subsídio estatal para grandes empresas, apelidado de "bolsa empresário". A recuperação antecipada desses recursos poderia abater a dívida pública, que estava em 67 por cento do PIB. Outra forma de reduzir a dívida seria recolher os recursos do chamado Fundo Soberano, estimados em 2 bilhões de reais, os quais foram idealizados como um destino das receitas do pré-sal, com o objetivo de aliviar as contas públicas em momentos de crise. Além dessas medidas, Temer pretendia impor um limite para os gastos do governo, que saltaram de 14% para 19% do PIB entre 1997 e 2015, atingindo com essa medida até a saúde e a educação. E ainda esperava economizar dois bilhões de reais por ano, proibindo o aumento do valor de subsídios governamentais já concedidos, como incentivos fiscais. Em 25 de maio, o Congresso aprovou a redução da meta fiscal, autorizando o governo a fechar o ano com um deficit de 170,5 bilhões nas contas públicas.

Em 15 de junho, Temer apresentou ao Congresso uma proposta de emenda constitucional que limitava o aumento do gasto público à variação da inflação, tomando como base de reajustamento o valor da inflação do ano anterior. Esse teto de gastos públicos teria validade de vinte anos desde 2017, podendo ser revisado a partir do seu décimo ano de vigência. De acordo com o governo, "A PEC limitará, pela primeira vez, o crescimento do gasto público e contribuirá para o necessário ajuste estrutural das contas públicas". No primeiro ano de vigência, o limite dos gastos totais equivaleria à despesa paga no ano anterior corrigida pela inflação daquele ano. A proposta incluiu a saúde e a educação no limite de gastos, mas excluiu várias despesas, como transferências constitucionais a outras unidades federativas, e créditos extraordinários. Abrangeu também os gastos do Legislativo e do Judiciário.

Em 6 de outubro, Temer anunciou que iria disponibilizar uma linha de crédito de 30 bilhões de reais para a Micro e Pequena Empresa (MPE). Seriam linhas de empréstimos e financiamentos para uso em capital de giro, investimentos e compra de equipamentos. Do valor anunciado, vinte bilhões seriam disponibilizados pela Caixa Econômica Federal e pelo Banco do Brasil. O restante viria de bancos privados (Bradesco, Itaú e Santander). Além do aumento do crédito para o trimestre, as medidas anunciadas possibilitariam a melhoria no ambiente de negócio em outros dois eixos: capacitação e desburocratização. Seria também lançado o programa Instituição Amiga do Empreendedor, em parceria com o Ministério da Educação e universidades públicas e privadas, que promoveria a orientação na área de gestão de negócios e assistência técnica a potenciais empreendedores. Outro projeto apresentado foi o Simples Exportação, que objetivava desburocratizar a operação de comércio internacional para MPEs e estabelecer a figura do Operador Logístico, que seria responsável pelos procedimentos operacionais da exportação.

Em 22 de novembro, o governo federal, em reunião com os governos estaduais, anunciou um pacto nacional pelo equilíbrio das contas públicas. Segundo Henrique Meirelles, o governo federal aceitava dar aos estados uma fatia maior dos recursos arrecadados com a chamada repatriação, programa que deu incentivos para que brasileiros regularizassem bens mantidos no exterior e que não haviam sido declarados à Receita Federal. Em contrapartida, os governadores se comprometeriam a fazer um forte ajuste em suas contas, semelhante ao proposto pelo próprio governo Temer, incluindo o aumento da contribuição previdenciária paga por servidores públicos. O governo arrecadou 46,8 bilhões de reais com a cobrança de Imposto de Renda (IR) e multas dos contribuintes que aderiram à repatriação, mas os estados ficariam com apenas quatro bilhões desse total, a parte correspondente ao IR. Os governadores, porém, exigiram também uma parcela das multas. Após uma disputa no Supremo Tribunal Federal, Temer cedeu e os estados receberiam mais cinco bilhões do valor arrecadado.

Em 13 de dezembro, o governo anunciou um pacote de medidas para melhorar a situação econômica do país. Uma delas se referia ao FGTS. Quando houvesse lucros, uma parte deles continuaria depositada e a outra metade seria disponibilizada para o trabalhador pagar dividas que tenha ou fazer uma outra utilização. O governo também pretendia reduzir a multa de dez por cento a cargo dos empregadores no momento da demissão dos trabalhadores. Outra medida foi o parcelamento de dívidas relativas a tributos de empresas e pessoas físicas com o governo, havendo a possibilidade de compensar débitos com determinados créditos. Anunciou-se também uma grande desburocratização da atividade econômica, com "uma simplificação extraordinária para as empresas realizarem pagamentos trabalhistas e tributários". Haveria ainda uma nova política de empréstimos buscados pelas empresas com o Banco Nacional de Desenvolvimento Econômico e Social (BNDES), com juros mais baixos. Michel Temer enfatizou uma medida que ele chamou de "diferenciação" de preços para diferentes meios de pagamentos (cartão de crédito, dinheiro ou cheque). Assim, os comerciantes iriam poder conceder descontos, por exemplo, para pagamentos à vista, algo que já acontecia atualmente, mesmo sendo proibido. O pacote também pretendeu agilizar as compras e vendas do comércio exterior. Segundo o ministro Meirelles, seria criado um portal único, acessível pela Internet, para o encaminhamento de todos os documentos e dados exigidos para as transações comerciais com outros países.

Em maio de 2017, depois de oito trimestres consecutivos de retração, a economia do país começou a mostrar sinais de recuperação. O Índice de Atividade Econômica (IBC-Br) do Banco central (BC) fechou o primeiro trimestre de 2017 com alta de 1,12 por cento em relação aos três meses anteriores. Em comparação com o primeiro trimestre de 2016, a atividade registrou alta de 0,29 por cento. O ministro Henrique Meirelles declarou que os números indicavam uma retomada gradual durante 2017. Nas palavras dele, "Estamos num momento em que os dados têm mostrado que há o início da recuperação da economia brasileira no primeiro trimestre o que, a meu ver, é a resposta para o conjunto de ações e de políticas, de propostas de reforma que o governo tomou desde o início do mandato do presidente Michel Temer".

Em agosto, a expansão econômica foi confirmada. O Banco Central informou que houve um crescimento de 0,25 por cento em relação ao primeiro trimestre. Esse segundo incremento trimestral consecutivo, com um pico de 0,5 por cento no mês de junho, convenceu os economistas de que o país estava se recuperando de fato. Com os novos números, o Projeções Broadcast coletou 28 estimativas de instituições do mercado financeiro para o resultado do PIB no segundo trimestre do ano. A previsão média foi de estabilidade, com a expectativa de que ficasse no intervalo entre queda de 0,5 por cento e alta de 0,30 por cento. Apesar dos resultados modestos, levando em conta a forte recessão dos anos de 2015 e 206, o ministro Meirelles disse: "Os dados de serviços, conjugados com os de varejo, criação de postos de trabalho na economia brasileira e, finalmente, com o IBC-Br, mostram que o Brasil voltou a crescer".

Agricultura

O governo Temer decidiu continuar o trabalho da ex-ministra Kátia Abreu, implementando o Plano Safra 2016/2017. O objetivo era efetuar um remanejamento de recursos para programas de tecnologia e logística, dentre outros, além de promover a recomposição do orçamento para o seguro rural e para a comercialização. O Banco do Brasil abriu um crédito de 101 bilhões de reais para a safra 2016/2017. Esse crédito se dividiu entre 91 bilhões para produtores e cooperativas e dez bilhões para empresas da cadeia do agronegócio. Ele foi parte do

Plano Agricultura e Pecuária 2016/2017 do governo federal, que destinaria 185 bilhões de reais de crédito para os produtores rurais brasileiros investirem em custeio e comercialização, entre 1º de julho de 2016 e 30 de junho de 2017.

Comércio

Em 12 de julho, Temer passou a comandar a Câmara de Comércio Exterior (Camex), de acordo com um decreto publicado em edição extra do Diário Oficial da União. A Camex era presidida pelo ministro da Indústria, Serviços e Comércio Exterior. O decreto também aumentou a participação do Ministério das Relações Exteriores no colegiado. A Camex já estava vinculada à Presidência da República desde maio, quando Temer fundiu e extinguiu ministérios e órgãos. O decreto terminou de regulamentar as mudanças no colegiado, que cuida da política de comércio exterior brasileira. Dessa forma, o Comitê Executivo de Gestão (Gecex) da Camex passou a ser presidido pelo ministro das Relações Exteriores, José Serra. O ministro da Indústria, Serviços e Comércio Exterior, Marcos Pereira, ficou com a presidência do Conselho Consultivo do Setor Privado (Conex), instância que faz a mediação entre empresas e governo no âmbito da Camex. Além do comércio exterior, a Camex também cuidará do fomento a investimentos.

Finanças e orçamento

Em 7 de junho, a Câmara dos Deputados aprovou uma emenda constitucional considerada essencial por Temer, criando a permissão para que a União utilizasse livremente parte de sua arrecadação tributária, a chamada Desvinculação de Receitas da União (DRU). Assim, ampliou-se de 20% para 30% o percentual que poderia ser remanejado da receita de todos os impostos e contribuições sociais federais. O restante da arrecadação seria vinculado a despesas definidas no orçamento. A medida poderia ser aplicada de maneira retroativa desde 1º de janeiro de 2016. Isso beneficiaria o governo na medida em que a maioria das receitas vigentes possuíam destinos especificados na legislação. A emenda não alterou gastos mínimos com saúde e educação, bem como as transferências constitucionais de impostos para estados e municípios.

Outra vitória do governo foi a aprovação pelo Senado de um projeto de lei complementar que evita a maquiagem das contas públicas. Conforme o texto, a arrecadação prevista na Lei de diretrizes orçamentárias (LDO) deve ser mantida na Lei orçamentária anual (LOA) e na autorização do orçamento do ano seguinte enviada pelo Congresso à Presidência da República. Assim, o governo não poderá mais enviar propostas orçamentárias distantes da realidade econômica do país nem contar com receitas incertas para fechar as contas. Com a nova premissa, a previsão de receitas terá que ser realista, evitando-se, por exemplo, construir obras cujo custeio fica postergado para anos depois. O projeto de lei também determinou que o Executivo envie ao Legislativo, no primeiro ano de governo, o Plano plurianual (PPA) juntamente com a LDO, até o dia 30 de abril, com o objetivo de evitar que a LDO seja elaborada antes da definição de investimentos em projetos e programas, o que pode também ocasionar uma distorção entre receitas e despesas.

Em 13 de dezembro, o Senado, por 53 votos a favor e 16 contra, aprovou o texto-base da Proposta de Emenda à Constituição (PEC) que estabeleceu um teto para os gastos públicos para os próximos vinte anos. A proposta foi enviada pelo presidente ao Congresso em junho e foi considerada pelos governistas essencial para o reequilíbrio das contas públicas, ao lado da reforma da Previdência, enquanto os oposicionistas argumentaram que a medida iria congelar investimentos nas áreas de saúde e educação. As principais metas da PEC são: as despesas da União só poderão crescer conforme a inflação do ano anterior; a inflação para 2017, que serviria de base para os gastos, seria de 7,2%; nos demais anos de vigência da medida, o teto corresponderia ao limite do ano anterior corrigido pela inflação medida pelo Índice Nacional de Preços ao Consumidor Amplo (IPCA); se um poder desrespeitar o limite, sofrerá sanções no ano seguinte, como a proibição de realizar concursos ou conceder reajustes; se um poder extrapolar o teto, outro poder deverá compensar.

Os gastos com saúde e educação só seriam enquadrados no teto de gastos a partir de 2018; os gastos mínimos em saúde passariam, em 2017, dos atuais 13,7% para 15% da receita corrente líquida e, a partir de 2018, esses investimentos se enquadrariam no teto de gastos, sendo corrigidos pela inflação; ficaram de fora das novas regras as transferências constitucionais às unidades federativas, os créditos extraordinários, as complementações do Fundeb, os gastos da Justiça Eleitoral com eleições e as despesas de capitalização de estatais não dependentes; a partir do décimo ano de vigência do limite de gastos, o presidente da República poderia enviar um projeto de lei ao Congresso para mudar a base de cálculo. Em 15 de dezembro, a PEC foi promulgada e passou a ser uma legislação.

Tributação

Em 6 de julho, após reunião com Temer e a equipe econômica, o senador e relator da Lei de diretrizes orçamentárias, Wellington Fagundes, informou que a previsão de receitas seria elevada com o aumento de impostos da Cide (sobre os combustíveis) e com os recursos de concessões e privatizações. Outros tributos, que não dependem do Congresso, também poderiam ser elevados. Segundo fontes, a elevação da Cide, de 0,10 reais para 0,60 reais, por exemplo, poderia resultar num reforço de caixa anual de até quinze bilhões de reais. Com o aumento, o rombo nas contas públicas iria chegar a 150 bilhões de reais, mas, sem elas, poderia chegar a 194 bilhões em 2017.

Temer pretendia obter outras formas de reduzir o deficit, como o controle de gastos e a revisão do auxílio-doença. Além disso, o governo já havia recolhido oito bilhões na repatriação de recursos.

Em 22 de julho, Temer oficializou a alíquota de 6% para o Imposto de Renda Retido na Fonte (IRRF) sobre as remessas para o exterior referentes a gastos com turismo. A Lei n.º 13 315 tem regra geral de 6% de incidência para valores remetidos por pessoas físicas e jurídicas até o limite de 20 mil de reais ao mês. Acima desse limite, a alíquota é de 25%. No caso de agências de turismo, não há qualquer limite para a aplicação da alíquota de 6%, com a exceção dos paraísos fiscais. Para estes, a alíquota é de 25%. Mas, se a remessa for feita por uma agência de turismo, a alíquota será de 6%, com o limite de dez mil reais por passageiro por mês. As agências de turismo devem ainda demonstrar a efetiva existência operacional do beneficiário da remessa situado em paraíso fiscal. A nova legislação foi negociada por dois anos com entidades do turismo, que comemoraram a nova alíquota, embora desejassem a isenção fiscal. As remessas para fins educacionais e tratamento de saúde seguem isentas de qualquer tributação.

Em 27 de outubro, O presidente sancionou o projeto de lei que amplia o prazo de parcelamento das dívidas tributárias de micro e pequenas empresas, estabelecendo os novos limites para o enquadramento das empresas no Simples Nacional, e a lei do salão-parceiro, que legaliza a contratação de pessoas jurídicas para a prestação de serviços em salões de beleza — como os de cabeleireiros, barbeiros, manicures, pedicures, maquiadores, esteticistas e depiladores. Criado em 2006, o Supersimples tem o objetivo de desburocratizar e facilitar o recolhimento de tributos pelos micro e pequenos empresários. Com as mudanças, o limite para que a microempresa seja incluída no programa passou dos atuais 360 mil reais anuais para 900 mil reais. Já o teto das empresas de pequeno porte passou de 3,6 milhões anuais para 4,8 milhões de reais. A nova versão da lei amplia de 60 para 120 prestações o prazo para o pagamento das dívidas tributárias. A nova lei cria ainda a figura do "investidor-anjo", para ajudar as startups (empresas em início de atividades inovadoras) a obterem aportes a fim de colocar seus produtos no mercado. Dessa forma, será possível a aplicação de investimentos sem a necessidade de o investidor se tornar sócio do novo empreendimento.

Política Educacional

Os programas de incentivo à educação e à profissionalização, como Pronatec, ProUni e Fundo de Financiamento ao Estudante do Ensino Superior (FIES), tiveram suspensa a abertura de novas vagas. O ministro da educação, Mendonça Filho, disse que pretendia honrar as vagas já contratadas, mas não poderia aceitar novas inscrições devido à falta de recursos. Um dos principais alvos da nova política educacional era o Fundo de Financiamento ao Estudante do Ensino Superior (FIES), em que o governo financiava o estudo de alunos de baixa renda em universidades particulares, emprestando dinheiro que, após a formatura, era devolvido pelos beneficiados. Mendonça não pretendia manter o pagamento da taxa bancária, que é de 1,3 bilhão de reais por ano. Ele também ressaltou que o Programa Universidade para Todos (ProUni) precisaria cobrar resultados dos estudantes que recebem dinheiro público. Os gestores da pasta da educação acreditavam que o governo poderia investir em grandes projetos, mas que seus recursos estavam mal aproveitados.

Em 16 de junho, Temer assinou a autorização para a criação de mais 75 mil bolsas do Fundo de Financiamento Estudantil (Fies). O investimento do Ministério da Educação (MEC), destinado para novos contratos no segundo semestre de 2016, somava 450 milhões de reais. Essa quantidade de vagas foi possível graças à reposição de 4,7 bilhões de reais, em relação ao corte de 6,2 bilhões de reais da gestão anterior. As vagas representaram também um aumento de mais de 50% dos contratos firmados no primeiro semestre de 2016. Os novos contratos alteraram a exigência de renda familiar de até 2,5 salários mínimos para até três salários mínimos, ampliando o acesso dos estudantes à universidade, e não haveria mais prazo para a declaração de se o estudante está ou não matriculado/vinculado ao curso. Além disso, haveria limitação de prazo na pré-seleção dos estudantes em lista de espera e ocorreria processo específico para ocupação de vagas remanescentes.

Em 16 de fevereiro de 2017, ao sancionar a lei que determinou a reforma do ensino médio, Temer declarou, em seu discurso no Palácio do Planalto, que o novo modelo só foi possível graças à ousadia do governo de encarar a polêmica que cerca os temas relevantes para o país. Segundo o presidente, "Temos enviado propostas que geram saudável polêmica. A polêmica, crítica portanto, gera aperfeiçoamento. Certa e seguramente, algumas modificações feitas pelo Congresso Nacional foram feitas pela sociedade. Acabou, então, saindo uma coisa consensual" e "Estamos ousando. Quem ousaria fazer um teto para os gastos públicos? Seria muito fácil o presidente chegar e gastar à vontade sem se preocupar com as reformas fundamentais, ou seja com o país no futuro. Não estamos fazendo isso. Propor o teto foi uma ousadia muito bem-sucedida. Agora, a do ensino médio". O Ministro da Educação, Mendonça Filho, acrescentou que "A escola do ensino médio era estática, com treze disciplinas obrigatórias. O aluno tem de assimilar aquele conteúdo de forma similar e igual para todos, como que cada um tivesse um perfil igual ao outro".

Reforma do Ensino Médio

Em 22 de setembro, Temer apresentou a maior proposta de reforma educacional em duas décadas. Baseada nos modelos da Coreia do Sul e da Austrália, o projeto se concentrou na capacitação dos estudantes em suas áreas de interesse. A mudança possuiu como núcleo a substituição das treze matérias que, no momento, formavam a grade curricular do ensino médio pelos chamados itinerários formativos. Os itinerários foram agrupados em cinco grandes conjuntos: linguagens, matemática, ciências da natureza, ciências humanas e formação técnica e profissional. Dentro de cada um deles, haveria cinco disciplinas. Cada escola ou rede de ensino decidiria que outras disciplinas iriam compor esse itinerário. As disciplinas únicas obrigatórias presentes em todos eles seriam língua portuguesa, inglês e matemática. O aluno escolheria o que iria estudar no final do primeiro ano do ensino médio. Como exemplo, um aluno que chegasse ao final do primeiro ano e optasse pelo itinerário de linguagem, teria aulas de língua portuguesa, língua inglesa, matemática (essas três comporiam a grade obrigatória), literatura brasileira, história do Brasil, história geral, geopolítica e espanhol. O exemplo é hipotético, pois cada escola ou rede teria liberdade de apontar quais seriam as cinco disciplinas que iriam compor cada itinerário. Ao entrar na universidade, os alunos poderiam aproveitar créditos de disciplinas cursadas no ensino médio, cujo conteúdo fosse similar ao oferecido na graduação. Isso dependia de regulamentação das faculdades.

Assim, a medida provisória que estabeleceu as novas regras previu que a carga horária de 2 400 horas de aula no total seria dividida em 1 200 horas de aula dedicadas às disciplinas da Base Nacional Curricular Comum (BNCC) e outras 1 200 horas de aula dedicadas às disciplinas que o aluno escolhesse estudar. O objetivo era permitir que o estudante se aprofundasse no estudo das áreas pelas quais tivesse maior interesse. Mas havia riscos no novo modelo. O principal deles era sobre o aumento das desigualdades. Com a liberdade de poder escolher o que seria oferecido, escolas em locais mais vulneráveis poderiam deixar de oferecer as disciplinas de ciências naturais, por exemplo — área que carece sistematicamente de professores de química e física. "As secretarias de educação terão um trabalho vital de olhar para a rede de cada região e garantir o equilíbrio de ofertas. Todo aluno deve ter todas as alternativas em sua vizinhança, se não numa escola, na mais próxima", disse Ricardo Henriques, superintendente da Fundação Unibanco. O novo modelo de organização curricular estaria atrelado à BNCC e só poderia ser implantado depois que esse currículo nacional já estivesse concretizado. A previsão dada pelo MEC é que isso ocorreria em 2017. Por isso, a escolha pelo currículo flexível só deveria ocorrer a partir de 2018.

Em 8 de fevereiro de 2017, o Senado aprovou a medida provisória, e em 16 de fevereiro, foi sancionada pelo presidente. Os parlamentares retiraram a citação direta à retirada de educação física, arte, sociologia e filosofia como disciplinas obrigatórias, contornando o problema com uma emenda que determinou a existência de matérias qualificadas como "estudos e práticas" a serem incluídos como obrigatórios na Base Nacional Curricular Comum. Em relação à permissão para que professores sem diploma específico ministrem aulas, o texto definitivo declarou que professores com "notório saber", desde que reconhecidos pelo sistema de ensino e que os cursos estejam ligados às áreas de atuação deles, possam dar aulas exclusivamente para cursos de formação técnica e profissional. Além disso, os professores sem licenciatura deverão realizar uma complementação pedagógica para que se tornem qualificados a lecionar. Entretanto, os especialistas questionaram a reformulação do ensino por meio de medida provisória e ponderaram que muitas escolas não seriam capazes de oferecer todas as matérias, restringindo as opções do aluno. O Procurador-geral da República, Rodrigo Janot, enviou parecer ao Supremo Tribunal Federal (STF), no qual afirmou que a medida provisória que estabeleceu uma reforma no ensino médio era inconstitucional. Ex-ministros da educação ouvidos pelo portal G1 temeram que a reforma ampliasse as desigualdades de oportunidades educacionais.

Em 15 de dezembro, a Base Nacional Curricular Comum (BNCC) para os ensinos fundamental e infantil foi aprovada no Conselho Nacional de Educação (CNE). Esse documento funciona como orientação para todo o sistema educacional do país e conta com as seguintes medidas: o ensino religioso possui diretrizes sobre o que deve ser ensinado do 1º ao 9º ano; a alfabetização deve ser concluída até o segundo ano; as orientações sobre identidade de gênero devem ser discutidas por comissão do CNE; as redes municipais, estaduais e federal precisam reelaborar seus currículos segundo a BNCC; o material didático terá que ser produzido segundo as novas diretrizes; a implementação deve estar completa até início do ano letivo de 2020. Segundo o conselho, "A Base não é currículo, é um conjunto de referenciais sobre as quais o processo crítico e criativo das escolas vai elaborar seu processo curricular". A aprovação se deu por vinte votos a favor e três contra.

Política de infraestrutura

Em 26 de julho, o ministro do Planejamento, Dyogo Oliveira, informou que o governo iria preparar uma lista com as obras do Programa de Aceleração do Crescimento (PAC), na área de infraestrutura, que considerou prioritárias para receber investimentos públicos. O governo pretendia concentrar os repasses em projetos ligados ao programa que estavam inacabados e que tinham custo estimado em até 10 milhões de reais. Atualmente, disse Oliveira, existiam cerca de duas mil obras nessa situação. A medida, disse ele, foi necessária porque o governo, com as contas no vermelho, não dispunha de recursos para dar andamento a todas as obras do PAC e precisava cortar gastos. Essas obras inacabadas somavam dois bilhões, que ainda precisariam ser investidos. Entretanto, não eram todas que estavam paralisadas por questões orçamentárias - havia projetos inacabados por falta de licenças ou que tiveram licitações embargadas - e todas as que não tivessem problemas técnicos seriam retomadas.

Em 13 de setembro de 2016, o governo Michel Temer anunciou seu primeiro pacote de concessões e privatizações, que incluiu 34 projetos entre aeroportos, rodovias, terminais portuários e ferrovias, além de ativos nos setores elétrico, de óleo e gás, mineral e de saneamento. O objetivo do pacote de concessões do governo federal era estimular o crescimento da economia brasileira, que passava, atualmente, pela maior recessão de sua história. No ano de 2015, o produto interno bruto (PIB) teve retração de 3,8 por cento - a maior em 25 anos - e em 2016 deveria ter um tombo superior a 3 por cento, de acordo com a previsão de analistas dos bancos. Ao mesmo tempo, os valores arrecadados com as concessões e permissões ajudariam a tentar fechar as contas em 2017. O Banco Nacional de Desenvolvimento Econômico e Social (BNDES) e o Fundo de Investimento do Fundo de Garantia do Tempo de Serviço (FI-FGTS) entrariam com trinta bilhões para ajudar no financiamento do Programa de Parcerias de Investimentos (PPI). Outras fontes seriam o Banco do Brasil, os bancos privados e possivelmente novos investidores.

Em 10 de março de 2017, Temer inaugurou o eixo leste da transposição do rio São Francisco nas cidades de Sertânia, Pernambuco, e Monteiro, Paraíba.

Política habitacional

Temer e o ministro das Cidades, Bruno Araújo, anunciaram o programa Cheque Reforma, que deveria beneficiar quinze milhões de famílias brasileiras que atualmente viviam em habitações precárias. Segundo o ministro, O público alvo eram famílias com renda de zero a três salários mínimos, que seriam beneficiadas com até cinco mil reais (com recursos do Tesouro Nacional) para a aquisição de material de construção para melhorias habitacionais. O novo programa permitiria, entre outras reformas, a construção de banheiros ou fossas sanitárias, ampliação da residência, melhoria do telhado, aplicação de reboco e a melhoria do piso. Esse programa estava em desenvolvimento e deveria ser lançado em 2017. Nas palavras do ministro, "Será um programa exitoso, muito importante para melhorar a vida de milhões de brasileiros". O governo também anunciou a retomada das obras de construção de 10.609 unidades habitacionais do programa Minha Casa, Minha Vida na faixa 1, ou seja, voltadas à população de baixa renda, contemplando 35 mil unidades; e, que, em 2017, contrataria também seiscentas mil novas unidades desse programa social. Segundo o ministro Araújo, a contração de unidades da nova faixa 1,5 do programa, beneficiando famílias com renda mensal bruta de até

2.350,00 reais e que possuem capacidade de comprometimento de renda, também estava sendo liberada. Na nova modalidade do programa, a família poderia contar com subsídios de até R$ 45 mil, conforme a renda e a localização do imóvel, além de juros reduzidos para financiamento; contando com recursos quase exclusivos do FGTS.

Em 6 de fevereiro de 2017, o governo redefiniu as faixas de renda para o seu programa de habitação popular. Com a nova política, a renda familiar se estendeu entre 1,8 mil e 9 mil reais. Outra medida foi elevar o teto do valor dos imóveis que podem ser adquiridos conforme o Minha Casa, Minha Vida: de 225 mil para 240 mil reais no Distrito Federal, em São Paulo e no Rio de Janeiro; de 170 mil para 180 mil reais nas capitais do Norte e Nordeste. A ampliação das faixas iria exigir um aumento de orçamento de R$ 8,5 bilhões para subsídios e financiamentos. R$ 200 milhões ficariam a cargo da União, destinados a subsídios das faixas 1,5 e 2; o FGTS contribuiria com 1,2 bilhão de reais para subsídios; e outros R$ 7,1 bilhões seriam necessários para o financiamento de todas as faixas. O principal objetivo das disposições era ampliar a geração de emprego e a meta era contratar 610 mil novas unidades habitacionais em todas as modalidades do MCMV, em 2017. O ministro do Planejamento, Dyogo Oliveira, negou que a recente permissão do governo para que trabalhadores sacassem valores de contas inativas do FGTS reduziria o volume de recursos do fundo destinado ao financiamento habitacional.

Política de justiça e direitos humanos

Em 23 de junho, Temer sancionou um projeto de lei que normatizava os mandados de injunção individual e coletivo. Segundo o texto, uma vez reconhecida a injunção, a Justiça deve determinar um prazo para a criação da norma exigida. Também especifica que, enquanto a referida lei não for criada, o entendimento judicial valerá apenas para o autor da ação e delimitará as condições de exercício desse direito. Em casos coletivos, os efeitos de eventual decisão só serão estendidos ao autor de demanda individual que desistir do processo em até trinta dias depois de definido o questionamento. A lei também abre a possibilidade de o relator da ação, monocraticamente, depois do trânsito em julgado, decidir, caso haja necessidade, se o entendimento terá feito vinculante. Essa decisão poderá ser revista se houver mudança de fato ou de direito. Temer disse que a alteração garante que o cidadão possa desfrutar de seus direitos ao impedir que a omissão de autoridade regulamentadora vulnere direitos indefinidamente.

No Dia Internacional da Mulher, 8 de março, Temer fez um discurso que causou repercussões negativas. Ele disse que a mulher é importante para a economia porque "Ninguém mais é capaz de indicar os desajustes, por exemplo, de preços em supermercados do que a mulher" e acrescentou "o quanto a mulher faz pela casa, o quanto faz pelo lar, o que faz pelos filhos". Contrariando dados oficiais de institutos de pesquisa, o presidente afirmou que existe igualdade no emprego entre homens e mulheres e que elas possuem grande participação em altos cargos de empresas e no Legislativo. O teor do seu pronunciamento causou reações enérgicas nas redes sociais e de mulheres que ocupavam cargos políticos. Em sua defesa no Twitter, ele declarou que "Meu governo fará de tudo para que mulheres ocupem cada vez mais espaço na sociedade e (...) tenham direitos iguais em casa e no trabalho. Não vamos tolerar preconceito e violência contra a mulher".

Política Exterior

O Itamaraty, agora comandado por José Serra, ameaçou mudar o voto brasileiro na 199.ª Sessão da Unesco, realizada em abril de 2016. A questão tratada se referia aos direitos do patrimônio cultural nos territórios conquistados por Israel na Guerra dos Seis Dias em Jerusalém, que são alvo de disputa com a Palestina. Em nota divulgada no dia 9 de junho pelo Ministério das Relações Exteriores, o governo brasileiro informou que a decisão não fazia referência expressa aos vínculos históricos do povo judeu com Jerusalém, particularmente o Muro Ocidental, santuário mais sagrado do judaísmo, o que foi considerado "um erro, que torna o texto parcial e desequilibrado". A resolução aprovada em abril na Unesco tinha um tom crítico a Israel e favorável à Palestina, além de ter sido apresentada por iniciativa das representações árabes – Argélia, Egito, Líbano, Marrocos, Omã, Catar e Sudão. Foram 33 votos a favor, seis contra, 17 abstenções e duas ausências. O Brasil votou a favor da decisão, junto a países integrantes do BRICs, como a China, Índia e África do Sul, além de países como Espanha, Suécia, Argentina e México. Entre os países contrários, estavam Estados Unidos e Alemanha.

Em 17 de junho, o governo suspendeu as negociações que mantinha com a União Europeia (UE) para receber famílias desalojadas pela guerra civil na Síria. A suspensão foi ordenada pelo novo ministro da Justiça, Alexandre de Moraes, sob a justificativa de uma nova postura do governo quanto à recepção de estrangeiros e à segurança das fronteiras. Em março, o então ministro da Justiça Eugênio Aragão visitou o embaixador da Alemanha no Brasil para tratar da recepção de sírios e disse a jornalistas que o país poderia acolher cerca de cem mil refugiados nos próximos cinco anos, com o respaldo da presidente Dilma Rousseff. A iniciativa brasileira era considerada exemplar pelo Acnur (agência da ONU para refugiados) e contrastava com a de várias nações que vinham endurecendo suas políticas migratórias em meio a preocupações com a segurança. No entanto, o presidente interino Michel Temer convocou ministros e a Polícia Federal para uma reunião sobre o tema, definindo a estratégia como uma busca de coibir a entrada de armas e drogas e combater a violência dentro do país.

Em seu primeiro discurso na Assembleia Geral da ONU, no dia 20 de setembro, Temer disse que o processo de impeachment ocorreu dentro da legalidade e que o Brasil possui um compromisso com a democracia. O discurso teve cinco pontos principais. A respeito do cenário interno, Temer afirmou sua preocupação com a responsabilidade fiscal e social, acenando para a recuperação econômica do país e citando os programas sociais. Sobre a ONU, ele defendeu uma postura mais ativa, capaz de resolver os conflitos mundiais em vez de haver somente uma atitude de observação e condenação. O presidente também mencionou a grande quantidade de refugiados que o

Brasil vinha abrigando, contabilizando 95 mil pessoas de 79 nacionalidades. Ao adentrar o cenário externo, ele sustentou intervenções na Síria e na disputa entre Israel e Palestina, além de acordos com o Irã e a Coreia do Norte, que desenvolvem armas nucleares. Temer elencou muitas atuações do Brasil em assuntos internacionais, a exemplo da ajuda humanitária no Haiti. Por fim, ele declarou que seu governo iria investir na tecnologia e no comércio, pedindo o fim de medidas protecionistas, especialmente no setor agrícola.

Em 16 de outubro, Temer participou da 8ª Cúpula do BRICS na índia. Ele encorajou as empresas do grupo a realizarem investimentos no Brasil, onde encontrariam, segundo ele, "um país com estabilidade política, segurança jurídica e com grande liberdade consumidora", e também convidou as companhias brasileiras a investirem nos países do bloco. O presidente declarou que suas primeiras medidas representaram sinais da volta de confiança na economia brasileira, citando seus esforços em desburocratização de processos, redução dos custos de operação, segurança jurídica e 34 projetos em diversas áreas. Segundo ele, "Serão especialmente bem-vindas quelas empresas capazes de melhorar estruturalmente nossas economias, setores que fortalecerão nossa competitividade e a presença global do Brics". A entidade contava, em seu conjunto, com cerca de 43% da população mundial, 30% do Produto Interno Bruto (PIB) do planeta e 17% do comércio global, tendo como centro da agenda da reunião a recuperação da economia de seus países-membros.

Em 31 de outubro, o presidente Michel Temer recebeu visitas de cortesia de alguns dos chefes de Estado que vieram ao Brasil participar da XI Conferência de Chefes de Estado e de Governo da Comunidade de Países de Língua Portuguesa (CPLP). Às 10h30, ele recebeu, na rampa do Palácio do Planalto, o secretário-geral eleito da Organização das Nações Unidas (ONU), Antônio Guterres. A CPLP é uma conferência que tem como objetivo aprofundar a cooperação entre os nove países membros, com o objetivo de avançar em projetos em áreas como educação, saúde, ciência e tecnologia, defesa, agricultura, administração pública, comunicações, justiça, segurança pública, cultura e desporto. Além do Brasil, fazem parte da comunidade Angola, Cabo Verde, Guiné Bissau, Guiné Equatorial, Moçambique, Portugal, São Tomé e Príncipe e Timor-Leste. O encerramento da CLPL, que em 2016 comemorou 20 anos, ocorreu em 1° de novembro. Ao final do evento no Itamaraty, foi definido, por meio da Declaração de Brasília, o plano de trabalho da organização para os próximos anos. Nesse ano, o tema da conferência foi a agenda para desenvolvimento sustentável em 2030. Caberá ao Brasil presidir o grupo pelo próximo biênio, no lugar do Timor Leste.

Política de Segurança Pública

Após um episódio de estupro coletivo no Rio de Janeiro, Temer anunciou que criaria um departamento na Polícia Federal para lidar com esse tipo de crime. "Repudio com a mais absoluta veemência o estupro da adolescente no Rio de Janeiro. É um absurdo que em pleno século 21 tenhamos que conviver com crimes bárbaros como esse" e "Nosso governo está mobilizado, juntamente com a Secretaria de Segurança Pública do Rio de Janeiro, para apurar as responsabilidades e punir com rigor os autores do estupro e da divulgação do ato criminoso nas redes sociais", disse o presidente interino em nota pública. O departamento funcionaria como uma delegacia da Mulher e visaria a agrupar informações estaduais e coordenar ações em todo país. Além disso, Fátima Pelaes seria nomeada para a Secretaria da Mulher, visto que o ministério correspondente foi extinto.

Em janeiro de 2017, uma crise no sistema carcerário brasileiro veio à tona, após rebeliões de presos pertencentes a facções rivais na Região Norte do País. As rebeliões prisionais ocorreram na primeira semana daquele ano. Em 1.° de janeiro, 56 presos foram mortos após uma rebelião ocorrida no Complexo Penitenciário Anísio Jobim (Compaj), em Manaus, no Amazonas.[130] Integrantes de duas quadrilhas rivais de tráfico de drogas, o Primeiro Comando da Capital (PCC) e a Família do Norte (FDN) — aliada do Comando Vermelho (CV) — entraram em confronto naquele que foi considerado o massacre mais violento da história do sistema prisional brasileiro desde a chacina do Carandiru (1992).[130] Cinco dias depois, 33 presos foram mortos na Penitenciária Agrícola de Monte Cristo, localizada na zona rural de Boa Vista, em Roraima. De acordo com o jornal Folha de S.Paulo, a chacina em Roraima foi uma resposta do PCC à rebelião comandada pela FDN no Amazonas.

Em 5 de janeiro, Temer falou pela primeira vez sobre a rebelião no presídio. Em reunião com ministros, ele inicialmente manifestou solidariedade com as famílias dos presos vitimados no que ele classificou como acidente em Manaus. Conforme o presidente, embora a segurança pública seja de responsabilidade dos governos dos estados, a realidade requer uma intervenção em esfera nacional. Ele lembrou que o presídio de Manaus é terceirizado, consequentemente não houve uma responsabilidade direta dos agentes do Estado, porém ressaltou que estes deveriam ter mantido informações sobre o evento, a exemplo do Ministério da Justiça, que assim procedeu desde o primeiro dia.

Então, o presidente Temer anunciou as primeiras medidas do Plano Nacional de Segurança, incluindo a construção de cinco presídios federais para criminosos de alta periculosidade. O governo deveria liberar cerca de R$ 40 milhões a R$ 45 milhões para cada presídio. Além disso, do R$ 1,2 bilhão do fundo penitenciário liberado na semana anterior, R$ 800 milhões seriam destinados para a construção de penitenciárias em cada estado. Cada presídio deveria ter blocos separados: um para presos de maior periculosidade e outro para presos de menor potencial. Eles deveriam cumprir penas em locais separados, o que não acontecia em todas as penitenciárias. E acrescentou a liberação de dinheiro para a compra de equipamentos que bloqueiam o sinal de celulares nos presídios. Segundo Temer, os bloqueadores deveriam ser instalados em, pelo menos, 30% dos presídios em cada estado em que foram solicitados.

Em 17 de fevereiro de 2018, ao lado do governador do Rio de Janeiro, Luiz Fernando Pezão, e do prefeito do município, Marcelo Crivella, Temer anunciou em reunião a criação do Ministério Extraordinário da Segurança Pública. O ministério foi oficialmente criado em 26 de fevereiro, tendo como titular Raul Jungmann, até então ministro da Defesa. A instituição se deu por medida provisória e com característica temporária, a fim de coordenar as ações de segurança pública em todo o país. O governo declarou que o ministério teria uma "estrutura enxuta", com a criação de poucos cargos e a incorporação de órgãos antes vinculados ao Ministério da Justiça, como a Polícia Federal. Ao mesmo tempo, o Congresso passou a se concentrar em uma nova legislação de segurança, como os projetos sobre a regulamentação do Sistema Integrado de Segurança pública, o anteprojeto que endurece o combate ao tráfico de drogas e as mudanças na Lei de Execução Penal.

Em 11 de junho, diante da crise de criminalidade vigente no país, o presidente Temer sancionou a lei que criou o Sistema Único de Segurança Pública (Susp) e assinou uma medida provisória para direcionar uma parte da arrecadação das loterias federais esportivas para gastos com o combate à violência e à criminalidade, garantindo com isso um aporte de oitocentos milhões de reais no orçamento do ano. O SUSP objetivaria integrar as informações de inteligência sobre a criminalidade e padronizar a formatação de dados, como os registros de ocorrência. As forças de segurança pública estaduais, tanto a polícia civil como a militar, passariam a atuar de forma conjunta em operações com órgãos federais. Para manter o sistema, o Fundo Nacional da Segurança Pública deveria receber das loterias, incluindo algumas a serem criadas, um valor previsto de 4,3 bilhões de reais em 2022. A MP também tratou da criação de uma escola de pós-graduação em conhecimentos de segurança e de um instituto de dados nacionais.

Assistência social

Michel Temer declarou que pretendia continuar os investimentos em programas sociais já existentes, como o Bolsa Família. Além disso, criou um novo programa, chamado Criança Feliz. Seu objetivo era atender presencialmente todos os filhos de beneficiários do bolsa família. O plano previa a contratação de oitenta mil pessoas com ensino médio completo e um custo de R$ 2 bilhões por ano, visando a prestar assistência a crianças de até três anos de idade; cobrindo dessa forma um período considerado vital para o desenvolvimento cognitivo. Os profissionais contratados foram chamados visitadores, pois entrariam nas casas das pessoas que recebiam o bolsa família, prevendo-se a meta de seis casas para cada visitador em um dia de trabalho. O total de beneficiários do programa atingiria 13.904 milhões de famílias em quatro milhões de casas. Em ambientes mais pobres, há grande dificuldade no estímulo de crianças na primeira infância. Os reflexos podem ser devastadores no restante da vida desses indivíduos, que às vezes acabam tendo problemas na alfabetização e no convívio social.

Em 31 de outubro, Temer anunciou o lançamento de um programa social chamado Cartão Reforma, que consistia numa linha de crédito de até R$ 5 mil para que famílias reformem suas residências ou façam pequenas obras. "Conseguindo isso, naturalmente, nós vamos imaginar o seguinte: o sujeito tem lá a sua propriedade. Ele vai querer aumentar um quarto ou vai querer cimentar a casa ou vai querer ampliar o banheiro, e, para isso, nós estamos lançando o chamado Cartão Reforma", afirmou o presidente. De acordo com o Ministério das Cidades, os recursos do programa eram do Orçamento da União e as famílias beneficiadas não precisariam devolver o dinheiro ao governo. Para 2017, o governo estimava reservar R$ 300 milhões para o Cartão Reforma. O objetivo do governo era melhorar a qualidade de moradias nas chamadas ocupações consolidadas, ou seja, aqueles bairros que nasceram de uma ocupação irregular, mas que já existem há muitos anos. As famílias beneficiárias receberiam apoio de arquiteto e engenheiro, que verificariam qual era a necessidade específica de cada residência.

Previdência Social

O ministro da Fazenda, Henrique Meirelles, afirmou que pretendia defender uma idade mínima para pedir o benefício, tanto para homens quanto para mulheres, provavelmente aos 65 anos. Ele disse que o sistema previdenciário vigente não era sustentável e corria o risco de não poder pagar o benefício às pessoas em idade de aposentadoria. Para ele, a reforma previdenciária era urgente para que o governo pudesse honrar seu compromisso no futuro. A declaração do ministro veio na esteira de um novo estudo da Organização Mundial da Saúde (OMS), que apontou o aumento da expectativa de vida em cinco anos, em todo o mundo, nos últimos quinze anos. Em 2016, a média de idade na aposentadoria era de 57 anos, contra 64 anos dos europeus. O deficit do INSS deveria chegar aos R$ 116 bilhões, em 2016.

Em 5 de dezembro, o presidente Temer apresentou ao Congresso uma proposta de emenda constitucional para a reforma previdenciária. O ponto mais importante foi a aposentadoria aos 65 anos para homens e mulheres. Os militares teriam uma proposta em separado e os trabalhadores rurais ainda deveriam ter a sua condição discutida. Os estados e municípios poderiam aderir ao Funpresp. O objetivo declarado do governo era tentar manter a sustentabilidade das contas públicas, diante de um deficit crescente do sistema previdenciário brasileiro, decorrente de um envelhecimento da população brasileira e da queda na taxa de natalidade no país. Haveria, porém, regras de transição para homens acima de 50 anos e para mulheres acima de 45 anos. "Chega de pequenas reformas. Ou enfrentamos de frente [a necessidade de reformar a Previdência] ou iremos condenar os aposentados a bater nas portas do Poder Público e nada receberem [no futuro]", declarou o presidente.

Em 24 de novembro de 2017, o governo apresentou uma proposta alternativa, que continha uma regra de transição. O texto enviado ao

Congresso incluiu: um tempo adicional de contribuição de 30 por cento sobre o que faltasse para atingir trinta anos de contribuição para as mulheres e trinta e cinco anos para os homens; um valor de aposentadoria dependente do tempo de contribuição, atingindo 100 por cento somente com quarenta anos de contribuição; uma regra mais rígida para servidores públicos, partindo de 55 anos para as mulheres e de 60 anos para os homens, com a garantia de benefício integral somente com o tempo mínimo de contribuição de quarenta anos; e uma idade mínima progressiva. Em relação a essa idade, seriam 53 anos para as mulheres e 55 anos para os homens. Ela aumentaria gradativamente, até chegar a 62 anos para as mulheres e 65 anos para os homens, acabando a transição em 2036 para as mulheres e em 2038 para os homens. Com a aprovação da proposta, quem estivesse perto de se aposentar conforme a regra atual poderia se valer da regra de transição para se aposentar mais cedo.

Em fevereiro de 2018, Michel Temer suspendeu o andamento do seu projeto de reforma da previdência no Congresso.

Política Trabalhista

Em 22 de dezembro, o governo apresentou a sua proposta de reforma trabalhista. Uma das medidas foi a autorização para o saque de contas inativas do Fundo de Garantia do Tempo de Serviço (FGTS), a fim de mobilizar a economia. O Programa Nacional de Proteção ao Emprego passou a ser permanente e a se chamar Programa de Seguro-Emprego. A jornada de trabalho poderia ser estendida para até doze horas diárias e o contrato de trabalho temporário passaria de 90 para 120 dias. Poderia haver dois modelos de contrato, um com base na produtividade e outro com base nas horas trabalhadas. O cartão de crédito sofreria mudanças, com juros menores e parcelados. O ministro do Trabalho, Ronaldo Nogueira, afirmou que não existia a intenção de mexer em direitos adquiridos na Consolidação das Leis do Trabalho (CLT), tais como férias, décimo terceiro salário, FGTS e vales transporte e refeição, nem com o repouso semanal remunerado. De outro lado, a Central Única dos Trabalhadores (CUT) enfatizou que a nova legislação instituiu a soberania do negociado sobre o legislado, o que significa que patrões e empregados ficariam livres para promover negociações à revelia da legislação trabalhista.

O ministro Eliseu Padilha, da Casa Civil, explicitou os pontos da negociação coletiva que poderiam adquirir força de lei: parcelamento das férias em até três vezes, com pelo menos duas semanas consecutivas de trabalho entre duas dessas parcelas; pactuação do limite de 220 horas na jornada mensal; direito, se acordado, à participação nos lucros e resultados da empresa; formação de um banco de horas, sendo garantida a conversão da hora que exceder a jornada normal com um acréscimo mínimo de 50%; tempo gasto no percurso para se chegar ao local de trabalho e no retorno para casa; estabelecimento de um intervalo durante a jornada de trabalho, com no mínimo trinta minutos; estabelecimento de um plano de cargos e salários; trabalho remoto; remuneração por produtividade; disposição sobre a extensão dos efeitos de uma norma mesmo após findo o seu prazo de validade; ingresso no programa de seguro-emprego; registro da jornada de trabalho. A proposta do governo manteve a jornada padrão de trabalho de 44 horas semanais com mais quatro horas extras, podendo chegar a até 48 horas por semana. Porém, a jornada em um dia poderia ser de até 12 horas (oito mais quatro horas extras) desde que fosse respeitado o limite de 48 horas na semana.

Em 11 de julho de 2017, o Senado aprovou a proposta do governo, mas com ressalvas. A negociação entre empresas e trabalhadores passou a prevalecer sobre a lei em certos itens, como parcelamento das férias, flexibilização da jornada de trabalho, participação dos empregados nos lucros e resultados, intervalo de almoço, plano de cargos e salários e banco de horas. Entretanto, itens como FGTS, salário mínimo, 13º salário, seguro-desemprego, benefícios previdenciários e licença-maternidade não podem ser negociados. A lista de mudanças é muito ampla, atingindo os contratos de trabalho em muitos pontos e estabelecendo novas regras na Justiça Trabalhista.

Em 10 de novembro, o governo, conforme havia prometido, encaminhou ao Congresso propostas de ajustes na nova legislação. As mudanças versaram sobre os seguintes itens: jornada de trabalho; dano extrapatrimonial; afastamento de gestantes e lactentes; autônomo com exclusividade; trabalho intermitente; representação dos empregados no local de trabalho; e negociação coletiva. O presidente pretendia se valer de um projeto de lei para evitar o uso excessivo de medidas provisórias, o que era criticado pelo presidente da Câmara, Rodrigo Maia, mas os senadores preferiam que esse instrumento legal fosse usado porque fazia parte do acordo com o Senado que aprovou o texto original, a fim de que este voltasse à Câmara. Em 14 de novembro, uma medida provisória foi editada para cumprir o acordo com o Senado. Assim, a reforma passou a ter efeitos imediatos, o que não ocorreria se fosse discutida por meio de um projeto de lei.

Seis meses após a mudança da legislação, os primeiros resultados já podiam ser observados. Pelo menos 41 mil trabalhadores sacaram o FGTS a fim de serem demitidos em comum acordo com os seus empregadores. As reclamações e os processos trabalhistas caíram cerca de 45 por cento porque os custos ficaram maiores para os trabalhadores, que se sentiram inibidos. Uma queda semelhante aconteceu nos pedidos relacionados a danos morais. As contratações por períodos intermitentes ficaram muito abaixo do esperado, com pouca geração de novas vagas, apenas quinze mil, em vez de 55 mil por mês. A arrecadação sindical sofreu uma grande queda, apesar das ações judiciais promovidas pelas entidades, no sentido de manter a cobrança. Os acordos coletivos não se concretizaram como o governo esperava, tendo havido uma queda na comparação de períodos anuais anteriores e posteriores à lei. O desemprego cresceu após o início da reforma, apesar da maior flexibilidade na criação de vagas. A medida provisória que visava a aperfeiçoar a reforma perdeu a validade antes da votação e causou problemas jurídicos devido aos efeitos já produzidos.

Em 15 de maio, o Ministério do Trabalho publicou no Diário Oficial o seu entendimento da nova legislação. Em forma de um parecer jurídico elaborado pela Advocacia Geral da União, o documento afirmou que a reforma trabalhista era aplicável a todos os contratos de trabalho regidos pela Consolidação das Leis do Trabalho, inclusive àqueles iniciados antes de sua vigência, em novembro de 2017. O parecer não tinha força de lei, sendo apenas uma orientação para os servidores do ministério, os quais possuem o dever de fiscalizar a aplicação da lei. Enquanto isso, o Supremo Tribunal Federal começava a discutir a primeira ação que questionava a constitucionalidade da nova lei. Os ministros avaliavam se o trabalhador considerado pobre e com direito a justiça gratuita seria obrigado a pagar as despesas do processo em caso de derrota, como estabeleceu a reforma. Além disso, o Tribunal Superior do Trabalho analisava um processo que questionava o alcance da nova lei trabalhista, se as regras valeriam tanto para os novos contratos de trabalho quanto para aqueles assinados antes da lei.

Terceirização

Em 22 de março de 2017, a Câmara aprovou um projeto de lei que permitiu a terceirização do trabalho em qualquer tipo de atividade, não mais apenas nas atividades-meio. A título de exemplo, uma escola poderia contratar tanto faxineiros como professores por meio de terceirização. A empresa terceirizada seria responsável por contratar, remunerar e dirigir os trabalhadores. A empresa contratante deveria garantir segurança, higiene e salubridade dos trabalhadores terceirizados. O contrato de trabalho temporário passaria de três para seis meses e o trabalhador dispensado só poderia prestar novamente o mesmo serviço após três meses. Esse projeto foi enviado ao Congresso em 1998 e sofreu alterações no Senado em 2002, tendo então voltado à Câmara. Existiram vários protestos contra a terceirização.

Pente-fino do INSS

O Pente-fino do INSS foi uma política de reavaliação de beneficiários de Auxílio-doença e aposentadoria por invalidez, decretado pelo presidente da república Michel Temer, e depois aprovada pelo congresso, iniciada em 2016. O objetivo foi detectar possíveis fraudes nesses benefícios, e assim, gerar uma economia de mais de 8 bilhões de reais anuais. Ela tinha como alvo, pessoas que não tinham cessação definida do auxílio-doença e aposentados por invalidez, com menos de 60 anos. O governo chamava uma quantidade de segurados e, após uma pausa, chamava outra quantidade. Essa política está prevista pra terminar em 2018.

O presidente da república, decretou duas medidas provisórias, que foram: a MP-739 de 2016, que decretava que, a qualquer momento, beneficiários de Auxílio-doença e aposentadoria por invalidez, poderiam ser convocados para novas perícias; e a MP-767 de 2017, que modificava a legislação previdenciária para estipular nova contagem de tempo, para efeito de carência para a concessão de auxílio-doença, de aposentadoria por invalidez e de salário-maternidade, no caso de nova filiação à Previdência Social; após 120 dias, a MP-739 perdeu a eficácia no dia 5 de Novembro DE 2016, e a MP-767, retomou o pente-fino no dia 16 de janeiro DE 2017, após o projeto de lei 6427/2016, que legitimava o pente-fino, não ser tramitada no congresso por causa do recesso parlamentar. As medidas provisórias previam também, remuneração "extra" para os peritos, como forma de bônus de R$ 60,00 por perícia realizada.

Em 2017, foi oficializada essa política com a Lei 13457/17, aprovada pelo congresso, alterando a lei de 1991. Nesse ano também, foi iniciado o pente-fino no benefício do BPC-LOAS, focando em pessoas que estão a mais de 2 anos sem fazer cadastro no Cadúnico.

Por volta de 80% de auxílios-doença foram cancelados, e 30% de aposentadorias por invalidez. O governo cancelou 9,6 bilhões em benefícios.

Política ambiental

Em 21 de outubro de 2017, o presidente Temer assinou um decreto que concedeu um desconto para as multas de crimes ambientais. O ato foi concretizado no Mato Grosso do Sul, com desconto de até sessenta por cento sobre multas do Ibama, podendo os quarenta por cento restantes ser pagos com ações de reflorestamento ou recuperação de áreas degradadas, indicadas pelo governo. Sarney Filho, ministro do Meio Ambiente, justificou essa benesse com o argumento de que assim poderia incentivar o pagamento de dívidas dos ruralistas com o Ibama, obtendo uma arrecadação de quatro bilhões de reais. Contudo, ponderou-se que o ato governamental foi uma maneira de obter os votos dos duzentos deputados ruralistas da Câmara, às vésperas da segunda votação a respeito das denúncias da Procuradoria-Geral da República contra Temer.

Crises e Controvérsias

O governo também foi marcado por diversas crises internas. Nos seis primeiros meses de governo, Temer perdeu seis ministros, todos envolvidos em polêmicas.

Romero Jucá

Em pouco dias de existência, o governo Michel Temer enfrentou o seu primeiro caso de escândalo e a primeira saída de um ministro, após o jornal Folha de S.Paulo divulgar gravações do ministro do planejamento, Romero Jucá, numa conversa telefônica de março de 2016 com o ex-presidente da Transpetro, Sérgio Machado. Na conversa, quando ainda era senador pelo PMDB, Jucá sugeriu que uma mudança de governo Dilma Rousseff poderia paralisar a Operação Lava Jato, que investigava ambos os interlocutores.

Essa conversa ocorreu semanas antes da votação do processo de impedimento na Câmara. Jucá era um dos principais articuladores da oposição e teria convencido os deputados de que o afastamento de Dilma Rousseff, com um novo governo nas mãos de Temer, poderia ser a solução política para deter o processo conduzido por Sérgio Moro. Segundo Jucá, um eventual governo Michel Temer deveria construir um pacto nacional "com o Supremo, com tudo", liberando todos os investigados. O senador citou diálogos com ministros do STF e afirmou que "eles teriam relacionado a saída de Dilma ao fim das pressões da imprensa e de outros setores pela continuidade das investigações da Lava Jato".

Com grande repercussão negativa nas imprensas nacional e internacional, Jucá, que era homem forte do governo Temer, teve de deixar o ministério. Com o afastamento de Jucá, Dyogo Henrique de Oliveira assumiu interinamente o cargo. A presidente afastada, Dilma Rousseff, que, desde o fim de semana anterior, voltou a participar de eventos públicos, afirmou que a gravação confirma o caráter do processo de impeachment como fruto da ação de um "consórcio golpista" interessado em barrar as investigações.

Dias mais tarde, ela voltou a considerar a determinação de obstruir a Lava Jato, além da intenção de colocar em andamento uma política ultraliberal em economia e conservadora em todo o resto, como as verdadeiras causas do impeachment; e disse que o governo Temer era completamente submisso a Eduardo Cunha, que supostamente exigiu a nomeação de seu advogado, Alexandre de Moraes, como ministro da justiça. Ela também acusou Temer de traição, que teria sido cometida antes do impeachment, em março, quando "as coisas ficaram claríssimas".

Fabiano Silveira

O segundo ministro a cair por causa das gravações de Machado foi Fabiano Silveira, que era titular da pasta de Transparência, Fiscalização e Controle. No áudio, obtido por meio da delação premiada, Silveira discute estratégias de defesa de investigados da Lava Jato, fazendo sugestões sobre a defesa do presidente do Senado, Renan Calheiros, que é investigado na operação, além de fazer críticas à operação comandada pela força-tarefa. Temer não queria exonerar Silveira, pois seria a sua segunda baixa em dezoito dias de governo, mas o próprio ministro pediu seu desligamento em um telefonema para o presidente interino, no qual disse "ter se tornado insustentável a sua permanência no governo" e afirmou que "preferia sair porque não queria se tornar um problema". Em sua carta de despedida, ele declarou que era "alvo de especulações insólitas". Silveira foi integrante do Conselho Nacional de Justiça e chegou ao cargo de ministro por indicação de Jucá e Calheiros, embora o segundo tenha negado qualquer intervenção no Executivo. O ex-ministro Carlos Higino foi nomeado interinamente como seu substituto.

Em maio de 2016, o programa Fantástico teve acesso a novos trechos de conversas gravadas pelo ex-presidente da Transpetro, Sérgio Machado, em uma reunião na casa do presidente do Senado, Renan Calheiros, do PMDB, com a participação de Fabiano Silveira, quando ele ainda era membro do Conselho Nacional de Justiça (CNJ). De acordo com os áudios, na conversa houve troca de reclamações sobre a Justiça e a Operação Lava Jato. Na gravação, Fabiano Silveira faz críticas à condução da Lava Jato pela Procuradoria Geral da República e dá conselhos a investigados na operação. Por meio de nota, ele disse que esteve "de passagem" na residência oficial do Senado, mas que não sabia da presença de Sérgio Machado. Disse ainda que não tem nem nunca teve nenhuma relação com Machado. Segundo Fabiano, ele esteve involuntariamente em uma conversa informal e jamais fez gestões ou intercedeu junto a instituições públicas em favor de terceiros.

Henrique Alves

A terceira baixa por conta das gravações de Machado foi o ex-presidente da Câmara dos Deputados Henrique Eduardo Alves (PMDB-RN), que pediu exoneração do cargo de ministro do Turismo em 16 de junho. Segundo Machado, Alves teria recebido R$ 1,55 milhão em doações eleitorais oriundos de propina do esquema investigado pela operação Lava Jato. O ex-ministro era suspeito de fazer parte do grupo de políticos do PMDB que deu suporte para que o ex-diretor de Abastecimento da Petrobras, Paulo Roberto Costa, continuasse no cargo, em troca de propinas destinadas ao PMDB. Ele também era suspeito de ter recebido propina do petrolão para a sua campanha ao governo do Rio Grande do Norte, em 2014.

Marcelo Calero e Geddel Vieira Lima

Em 19 de novembro de 2016, o ministro Geddel Vieira Lima, da Secretaria de Governo, foi acusado pelo ex-ministro da Cultura Marcelo Calero, em entrevista à Folha de S.Paulo, de tê-lo pressionado a rever decisão do Instituto do Patrimônio Histórico e Artístico Nacional (IPHAN) que impedia a construção de um empreendimento imobiliário onde o ministro da Secretaria de Governo adquiriu apartamento. Em depoimento à Polícia Federal, revelado pelo jornal, Calero disse ainda que o presidente Temer o "enquadrou" no intuito de encontrar uma "saída" para a obra de interesse de Geddel. Com a evolução da crise política, incluindo denúncias de gravações sigilosas, Geddel apresentou uma carta de renúncia no dia 25. Assim, ele se tornou o sexto ministro a deixar o governo Temer.

Posteriormente, em princípios de setembro de 2017, o ex-ministro Geddel Vieira Lima seria preso após uma apreensão de 51 milhões de reais em espécie em um apartamento da cidade de Salvador em decorrência da Operação Tesouro Perdido. Geddel era uma pessoa muito próxima de Michel Temer, tendo sido seu articulador político, e estava sob investigação da Polícia Federal, na Operação Cui Bono?, que o acusava de atuar juntamente com Eduardo Cunha em um esquema ilícito na Caixa Econômica Federal. Segundo a PF, eles liberavam recursos do banco para empresas, que depois lhes retribuíam pagando vantagens indevidas. O ex-ministro já havia sido preso e estava em prisão domiciliar. Com a descoberta no apartamento em Salvador, Geddel foi reconduzido à penitenciária de Papuda, em Brasília. O Ministério Público Federal alegou que o ex-ministro atuou para evitar possíveis delações premiadas do ex-presidente da Câmara Eduardo Cunha e do doleiro Lúcio Funaro, ambos presos pela Operação Lava Jato e também investigados na Cui Bono.

Cristiane Brasil

Michel Temer nomeou a deputada Cristiane Brasil ministra do trabalho em 4 de janeiro de 2018. Porém, a justiça do Rio de Janeiro suspendeu a posse devido a uma acusação de que ela havia ferido o princípio constitucional da moralidade, em virtude de ter sido condenada em um processo de dívidas trabalhistas. A Advocacia Geral da União recorreu ao Superior Tribunal de Justiça e conseguiu manter a posse, mas esta foi impedida novamente pela presidente do Supremo Tribunal Federal, Cármen Lúcia. No mês de fevereiro, o jornal O Estado de São Paulo publicou uma notícia, confirmada pela TV Globo, segundo a qual a deputada estava sendo investigada em um inquérito sobre tráfico e associação para o tráfico de drogas. O teor da notícia era que assessores de Cristiane Brasil pagaram a traficantes para terem o direito exclusivo de fazer campanha em Cavalcanti, bairro da Zona Norte da cidade, e que presidentes de associações de bairro foram levados para conversar com o chefe do tráfico na região por estarem se recusando a trabalhar para a deputada. Cristiane era vereadora em 2010, a época dos fatos relatados.

Esforços de Deposição

Pedidos de impugnação

Em 8 de dezembro de 2016, movimentos sociais protocolaram, na Câmara dos Deputados, um pedido de impeachment contra o presidente Michel Temer. O documento foi assinado por dezenove pessoas, entre juristas e líderes de organizações da sociedade civil, como a Central Única dos Trabalhadores (CUT) e a União Nacional dos Estudantes (UNE). Segundo o texto, existiam "fortes indícios de atos ilícitos", por parte de Michel Temer, no episódio em que o ex-ministro-chefe da Secretaria de Governo, Geddel Vieira Lima, pressionou o ex-ministro da Cultura, Marcelo Calero, para que este interviesse junto ao Iphan, a fim de liberar a construção de um edifício de alto padrão em Salvador, onde Geddel adquiriu um imóvel. Marcelo Neves, professor de Direito Público da Universidade de Brasília, um dos juristas que acompanhou o grupo, afirmou que a conduta do presidente se enquadrava nos crimes previstos nos artigos 7º e 9º da Lei de Crimes de Responsabilidade, que tratam do abuso de poder no exercício do cargo público. O professor apontou ainda o cometimento dos crimes comuns de concussão e advocacia administrativa (crime), previstos nos artigos 316 e 321 do Código penal brasileiro.

Novas eleições

As crises do governo Temer fizeram os senadores Acir Gurgacz e Romário reavaliarem o impeachment de Dilma Rousseff. "A eventual concordância com a convocação de novas eleições por Dilma poderia colocá-la novamente no seu cargo, embora ela também cause temor por causa da "irresponsabilidade, da inconsequência", disseram eles. Em apenas 21 dias, o governo sofreu muitos reveses e críticas, criando uma situação em que poderia ser revertido o placar de admissibilidade do impeachment. Mesmo os que votaram pelo afastamento da presidente reconheceram que havia turbulência no governo interino. A volta de Dilma poderia produzir consequências graves, como a aprovação de uma emenda constitucional que previsse um plebiscito para a eleição de novos presidente e vice durante as eleições municipais de 2016. Dessa forma, o Tribunal Superior Eleitoral convocaria eleições trinta dias após a aprovação do plebiscito por maioria absoluta. Os mandatos dos eleitos terminariam em 2018.

Denúncias por crimes comuns

Em 17 de maio foi divulgado que os proprietários do frigorífico JBS afirmaram, em delação à Procuradoria-Geral da República, que gravaram o presidente Michel Temer autorizando Joesley Batista a oferecer dinheiro ao deputado cassado e ex-presidente da Câmara dos Deputados, Eduardo Cunha, e ao corretor Lúcio Funaro (ambos preso pela Operação Lava Jato), para que permanecessem em silêncio diante da Justiça. Na mesma gravação, feita pelo empresário Joesley Batista em março de 2017, Temer indica o deputado Rodrigo Rocha Loures para resolver assuntos da J&F, uma holding que controla o frigorífico JBS. Posteriormente, Rocha Lourdes foi filmado recebendo uma mala com quinhentos mil reais, enviados por Joesley.

Em nota oficial, Temer disse que "Jamais solicitou pagamentos para obter o silêncio do ex-deputado Eduardo Cunha. Não participou nem autorizou qualquer movimento com o objetivo de evitar delação ou colaboração com a Justiça pelo ex-parlamentar". A Ordem dos Advogados do Brasil, em nota oficial, demandou uma "rápida investigação a respeito da suposta obstrução da Justiça praticada pelo presidente da República". De acordo com a Constituição Federal, a obstrução da Justiça é um dos crimes que podem embasar um processo de impeachment contra Temer. Por outro lado, no entanto, a imunidade conferida ao presidente da República impede a sua submissão à prisão, incluindo as modalidades em flagrante ou preventiva. No Congresso Nacional, parlamentares integrantes de partidos como REDE, PSOL e PT endossaram o afastamento de Temer, por renúncia ou impeachment. O deputado Efraim Filho, líder do DEM, partido aliado ao governo, afirmou: "A investigação dos fatos irá dizer se houve qualquer infração à Constituição. Em se configurando qualquer infração à Constituição, o rito tem que ser seguido como foi com a presidente Dilma, de impedimento".

Em 18 de maio, o ministro Edson Fachin, relator da Operação Lava Jato no Supremo Tribunal Federal (STF), autorizou a abertura de um inquérito para investigar o presidente Michel Temer. A decisão do ministro Fachin se fundamentou numa declaração do Procurador-Geral da República, Rodrigo Janot, segundo a qual o presidente Michel Temer e o senador afastado Aécio Neves agiram "em articulação" para impedir o avanço da Lava Jato. Dessa forma, a abertura do inquérito deveria investigar Temer, Aécio e o deputado afastado Rodrigo Rocha Loures por crimes de corrupção passiva, obstrução à Justiça e organização criminosa. Nas palavras de de Janot: "Além disso, verifica-se que Aécio Neves, em articulação, dentre outros, com o presidente Michel Temer, tem buscado impedir que as investigações da Lava Jato avancem, seja por meio de medidas legislativas, seja por meio de controle de indicação de delegados de polícia que conduzirão os inquéritos"; e "Desta forma, vislumbra-se também a possível prática do crime de obstrução à Justiça". As assessorias de Temer e Aécio divulgaram notas negando todas as acusações.

A partir dessa investigação, o presidente seria denunciado pela duas vezes pela PGR. As denúncias foram encaminhadas ao STF, mas a abertura de um processo teria que ser autorizada pela Câmara dos Deputados, requerendo a aprovação de dois terços dos deputados. Caso a votação fosse favorável, o Supremo poderia julgar Temer. Se o STF aceitasse a denúncia, começaria um processo penal e o presidente ficaria afastado do cargo por até 180 dias. Uma vez condenado, Temer seria afastado definitivamente, perderia seus direitos políticos e poderia ser preso, considerando que a pena do crime fosse a de prisão. Finalmente, o Presidente da Câmara assumiria interinamente e uma eleição indireta seria convocada no prazo de trinta dias. Entretanto, ambas as denúncias foram arquivadas.

Primeira denúncia criminal

Parlamentares protestam contra Temer/Imagens da internet

Em 26 de junho, o Procurador-Geral da República, Rodrigo Janot, apresentou uma denúncia formal contra Temer, por crime de corrupção passiva. A base do processo foi a delação dos executivos da JBS, onde Janot considerou que Temer recebeu propina para beneficiar a empresa no Conselho Administrativo de Defesa Econômica (Cade). Em sua defesa, o presidente disse que "simplesmente ouviu" as reclamações do empresário, sem conceder qualquer benefício estatal para a JBS, e que não renunciaria ao mandato.

Michel Temer se tornou o primeiro presidente do Brasil a responder por crime durante mandato.

Janot acusou Temer de ser o destinatário final de uma mala que continha quinhentos mil reais e de uma promessa de outros 38 milhões em vantagens indevidas, ambas da empresa JBS. O intermediário das operações foi, segundo Janot, o ex-deputado federal e ex-assessor de Temer, Rodrigo Rocha Loures, preso desde o dia 18 de maio. Ele foi filmado pela Polícia Federal enquanto corria com a mala usada para transportar os quinhentos mil reais citados. Janot pediu que Temer fosse condenado à perda do cargo de presidente e ainda que fosse condenado a pagar dez milhões de reais por danos morais à coletividade. Já para o ex-assessor de Temer, pediu o pagamento de dois milhões de reais.

Em 2 de agosto, o Congresso rejeitou a denúncia contra Michel Temer por 263 votos a 227. Não teve panelaço, nem pato gigante, e a esquerda muito menos organizada que a direita nem deu sinal de vida fora das redes sociais.

Segunda denúncia criminal

Em 11 de setembro, a Polícia Federal apresentou um relatório final de um inquérito que investigava a atuação de membros do PMDB na Câmara, cuja conclusão foi existirem evidências de que o presidente atuava, junto aos deputados do seu partido, numa organização criminosa que mantinha um esquema de pagamento de propinas a empresas estatais. Em 14 de setembro, a PGR apresenta ao Supremo Tribunal Federal uma nova denúncia criminal contra o presidente Michel Temer, desta vez pelos crimes de obstrução à Justiça e organização criminosa. Além do presidente seriam denunciados, Eliseu Padilha (ministro da Casa Civil), Moreira Franco (ministro da Secretaria-Geral), Geddel Vieira Lima (ex-ministro), Henrique Eduardo Alves (ex-deputado e ex-ministro), Eduardo Cunha (ex-deputado), Rocha Loures (ex-deputado), Joesley Batista e Ricardo Saud.

Em 25 de outubro, a Câmara dos Deputados rejeitou o envio dessa nova denúncia ao Supremo Tribunal Federal por 251 votos a 233 (com duas abstenções e 25 ausentes), número inferior ao da primeira votação, que obteve 263 votos favoráveis ao presidente. Além disso, o resultado ficou abaixo da expectativa do governo, que estava entre 260 e 270 votos favoráveis. Dessa forma, Temer ficou livre de responder ao processo durante o mandato, mas ainda teria que fazê-lo depois do término do seu período de governo. A sessão da Câmara durou doze horas e vinte minutos e os deputados aprovaram o relatório da

Comissão de Constituição e Justiça, elaborado pelo deputado Bonifácio de Andrada, que recomendava a rejeição da denúncia. O presidente Temer atuou para obter os votos de que precisava, liberando emendas para a base aliada e exonerando ministros que detinham cargos de deputado, para que pudessem votar também.

Caso dos Portos

Em 12 de setembro, o Supremo Tribunal Federal (STF), a pedido da Procuradoria-Geral da República (PGR), autorizou a abertura de mais um inquérito contra Michel Temer, com o objetivo de apurar a suspeita de favorecimento de uma empresa portuária de Santos, o que teria sido feito por meio de um decreto de regulamentação do setor. Naquele momento, Temer já era alvo de dois inquéritos no Supremo, ambos por suspeita de corrupção.

Prisão de amigos

Em 29 de março, a Polícia Federal (PF) prendeu dois amigos do presidente Michel Temer, o advogado José Yunes, ex-assessor especial da Presidência da República, e João Baptista Lima Filho, ex-coronel da Polícia Militar de São Paulo. As prisões aconteceram a pedido da Procuradora-Geral da República, Raquel Dodge, como parte da Operação Skala, deflagrada no mesmo dia pela PF em São Paulo e no Rio de Janeiro. Outras pessoas presas na operação foram: o empresário Antônio Celso Greco, dono da empresa Rodrimar, que opera no Porto de Santos; o ex-ministro da Agricultura e ex-deputado federal Wagner Rossi, que, entre 1999 e 2000, foi diretor-presidente da Companhia Docas do Estado de São Paulo, estatal administradora do porto de Santos; Milton Ortolan, auxiliar de Rossi; e Celina Torrealba, uma das donas do Grupo Libra. A operação foi autorizada pelo ministro Luís Roberto Barroso, do Supremo Tribunal Federal (STF), relator do inquérito que investiga se Temer, por meio de decreto, beneficiou empresas do setor portuário em troca de suposto recebimento de propina.

Suspeita de lavagem de dinheiro

A investigação da Polícia Federal sugeriu que o presidente Michel Temer lavou dinheiro de propina no pagamento de reformas em imóveis da sua própria família. A informação foi publicada no dia 27 de abril pelo jornal Folha de S. Paulo, o qual ainda afirmou que, além da lavagem em obras, Michel Temer teria ocultado transações imobiliárias em nome de terceiros. Segunda a matéria, a esposa de Temer, Marcela, e o filho do casal presidencial seriam donos de alguns desses imóveis reformados com a ajuda de propina. A investigação surgiu na esteira de um inquérito sobre a edição de um decreto para o setor portuário, que teria beneficiado empresas do setor em troca de propina. Em resposta, Temer disse que o ataque era de natureza moral e que só irresponsáveis tentariam incriminar a sua esposa e o seu filho de nove anos de idade. Ele também asseverou que, durante a vida, reuniu recursos financeiros para comprar e reformar imóveis.

Delações Premiadas

Sérgio Machado

A delação premiada de Sérgio Machado levou à investigação da Lava Jato diretamente a Temer. Segundo o relato, Temer teria pedido àquele recursos ilícitos para a campanha de Gabriel Chalita (PMDB) à Prefeitura de São Paulo, em 2012. Vinte políticos foram citados no esquema de propina da Transpetro. Eles pediam recursos financeiros de forma ilícita, os quais eram obtidos de empresas que tinham relacionamento contratual com a Transpetro. Eram empreiteiras que faziam doações oficiais ou pagamento mensal de propinas em moeda, com o objetivo de manterem seus contratos com a estatal, controlada pelo PMDB. Machado se tornou diretor da Transpetro em 2003, por indicação do presidente do Senado, Renan Calheiros, dos senadores Jader Barbalho, Romero Jucá, Edison Lobão e do ex-presidente José Sarney, todos da cúpula do PMDB e todos apontados pelo delator como beneficiários do esquema.

No depoimento em vídeo e áudio à Procuradoria-Geral da República, Sérgio Machado deu detalhes sobre a propina paga no caso Chalita. Ele disse que foi procurado pelo senador Valdir Raupp, que relatou dificuldades financeiras na campanha eleitoral de 2012 para a prefeitura de São Paulo e perguntou se Machado poderia ajudar. Este ligou para Temer e marcou um encontro no aeroporto militar de Brasília, na sala vizinha à sala da Presidência, em setembro daquele ano, num início de noite. Então ele afirmou que poderia ajudar com 1,5 milhão de reais e que a doação seria feita pelo Diretório Nacional através da empresa Queiroz Galvão. Temer classificou a denúncia como "irresponsável, leviana, mentirosa e criminosa" e disse que não deixaria passar em branco essas "acusações levianas".

Executivos da Andrade Gutierrez

Em novembro de 2016, O Tribunal Superior Eleitoral (TSE) convocou Otávio Marques de Azevedo, ex-presidente da construtora Andrade Gutierrez e um dos delatores da Lava-Jato, para esclarecer a doação de 1 milhão de reais que a empreiteira, segundo a versão anterior daquele, teria feito para a campanha da ex-presidente Dilma Rousseff em 2014, como parte de um acerto de propina de 1% dos contratos da Andrade com o governo federal. A defesa de Dilma apresentou ao tribunal um cheque atestando que houve, na realidade, um pagamento de 1 milhão de reais ao Diretório Nacional do PMDB, com um repasse destinado à eleição do então vice-presidente. O processo corrente no TSE poderia resultar na cassação da chapa de 2014.

Em nota, o PMDB afirmou que "sempre arrecadou recursos seguindo os parâmetros legais em vigência no país", e que "todas as contas do PMDB foram aprovadas, não sendo encontrado nenhum indício de irregularidade".

Executivos da Odebrecht e inquéritos relacionados

Segundo a delação de Claudio Melo Filho, ex-diretor da Odebrecht em Brasília, o ministro da Casa Civil, Eliseu Padilha, era o operador dos repasses da empresa destinados a Temer. Melo afirmou que se valia de Eliseu Padilha ou Moreira Franco para fazer chegarem a Temer os seus pleitos. Dessa forma, Eliseu Padilha era o representante de Temer com que Melo mantinha contato constante a fim de obter favores. De acordo com a reportagem da revista VEJA, Padilha, cujo apelido é "Primo", recebeu da Odebrecht quatro milhões de reais dos dez milhões de reais da ajuda financeira solicitada por Temer ao empreiteiro Marcelo Odebrecht, num jantar realizado no Palácio do Jaburu em maio de 2014. Desses recursos, um milhão de reais foi repassado por Padilha ao ex-presidente da Câmara Eduardo Cunha, preso na Operação Lava Jato. A outra parte foi entregue no escritório do advogado José Yunes, amigo íntimo e assessor especial de Temer. A assessoria do presidente negou quaisquer operações irregulares entre as pessoas citadas.

Em 15 de dezembro, a Veja noticiou uma nova denúncia contra Temer. Segundo a revista, em 2010, Michel Temer recebeu, em seu escritório político de São Paulo, Márcio Faria da Silva, um dos principais executivos da construtora Odebrecht, para uma conversa da qual também participaram Eduardo Cunha e o lobista João Augusto Henriques, coletor de propinas para o PMDB dentro da Petrobras. Nessa ocasião, Silva intermediou um repasse de recursos a pedido do presidente Michel Temer e do ex-deputado Eduardo Cunha, repasse este vinculado à execução de contratos da empreiteira com a Petrobras. A informação constava no acordo de delação premiada assinado pelo executivo. O Palácio do Planalto confirmou o encontro, mas disse que este durou cerca de vinte minutos e só tratou de formalidades, não de questões financeiras. "Se, depois da conversa de apresentação do empresário com Temer, Eduardo Cunha realizou qualquer acerto ou negociou valores para campanha, a responsabilidade é do próprio Eduardo Cunha", afirmou a assessoria de Temer.

Em 11 de abril de 2017, o presidente Michel Temer foi citado em dois inquéritos do Supremo Tribunal Federal (STF) ligados à complexa Operação Lava Jato. O primeiro investigava os ministros Eliseu Padilha, ministro-chefe da Casa Civil, e Moreira Franco, ministro da Secretaria-Geral da Presidência, sob a acusação de receberem propina na campanha eleitoral de 2014. O segundo investigava o senador Humberto Costa, também suspeito de recebimento de propina. Temer foi acusado de participação em ambos os casos de suposta corrupção. Marcelo Odebrecht havia confirmado anteriormente ao Tribunal Superior Eleitoral (TSE) que se reunira com Temer para discutir doações para a campanha eleitoral de 2014. Além disso, o ex-diretor de relações institucionais do Grupo Odebrecht, Claudio Melo Filho, também já havia afirmado que fora acertada uma contribuição de 10 milhões de reais ao PMDB.

O ministro do STF Edson Fachin autorizou a abertura de 76 inquéritos, que envolviam oito ministros, 24 senadores, 39 deputados e três governadores, além de um ministro do Tribunal de Contas da União (TCU) e outras 23 pessoas, como base na delação da Odebrecht. Entretanto, o presidente não poderia ser investigado por crimes que não aconteceram no exercício do mandato, consequentemente a Procuradoria-Geral da República (PGR) não o incluiu na lista de políticos que se tornaram alvos de processos na Corte Suprema. Existiam oito ministros do governo Temer entre os alvos de investigações: Eliseu Padilha (Casa Civil), Moreira Franco (Secretaria-Geral da Presidência), Aloysio Nunes (Relações Exteriores), Gilberto Kassab (Ciência e Tecnologia), Blairo Maggi (Agricultura), Bruno Araújo (Cidades), Marcos Antônio Pereira (Comércio Exterior) e Helder Barbalho (Integração Nacional). Michel Temer reafirmou a conduta que já havia tomado anteriormente. Se houvesse pedido de denúncia e ela fosse aceita, então o ministro seria afastado. Se virasse réu, o ministro seria demitido. O presidente, porém, temia que a lista de Fachin afetasse a aprovação de reformas no Congresso, como a previdenciária e a trabalhista.

Crise no Sistema Carcerário

O jornal Folha de S.Paulo, diante dos graves eventos ocorridos em prisões no começo de 2017, reuniu oito especialistas para explicar os principais problemas do sistema carcerário brasileiro, bem como para propor soluções de longo prazo. A primeira causa apontada foi a prisão provisória. Trata-se de presos que ainda não foram julgados e que representam 40% dos presos do país. Perguntou-se se é necessário manter essas pessoas presas. A desarticulação foi a segunda causa apontada. As diversas autoridades tomam decisões de forma descoordenada, faltando portanto cooperação e monitoramento.

A morosidade da justiça foi tida como a terceira causa. Muitos presos provisórios ficam mais tempo na cadeia do que definem suas posteriores condenações, causando um sentimento de revolta, que leva à violência. A seguir, comentou-se a falta de assistência jurídica. Metade dos presos provisórios são absolvidos e a outra metade deles recebe penas menores do que o tempo em que estiveram na cadeia. A superlotação, também citada, se refere ao excedente de 42% entre os 622.0000 presos do país, levando à falta de assistência aos presos e à formação de facções.

Os especialistas também comentaram as consequências do cenário descrito. A primeira é a ausência de separação entre os presos provisórios e os condenados e, dentro destes, entre os de diferentes naturezas e gravidades de seus crimes. Além disso, a superlotação e a escassez de investimentos comprometem uma formação educacional do preso. De fato, apenas 13% dos presos estudam formal ou informalmente. A saúde dos presos é também severamente comprometida, com poucos módulos de saúde e alta prevalência de doenças como a tuberculose.

Dessa forma, o Estado não cumpre o seu dever de reeducar os presos, que saem da cadeia mais perigosos do que quando entraram. A falta de preocupação dos governos resulta em dados desatualizados sobre as prisões, sugerindo-se a inspeção das unidades por entidades defensoras de direitos humanos. O vácuo deixado pelo Estado permite a formação de facções, que garantem a ordem interna com a conivência dos diretores das prisões. Por fim, os presos não trabalham, devido à ineficácia dos contratos entre o Estado e as entidades privadas, além da baixa qualificação dos candidatos.

No dia 25 de janeiro de 2017 os membros do Conselho Nacional de Política Criminal e Penitenciária pediram demissão em carta aberta ao Ministro da Justiça. Na carta os membros fazem duras críticas à política carcerária do ministro e de suas declarações "de que precisamos de mais armas e menos pesquisas".

Mudança para o Palácio do Jaburu

Após realizar alterações no Palácio da Alvorada que inspiraram questões relativas ao patrimônio histórico do prédio, Michel Temer decidiu desocupar a residência e se mudar para o Palácio do Jaburu. Em entrevista à revista Veja, ele afirmou que não conseguia dormir nos "quartos amplos" e que o palácio poderia ter fantasmas.

Operação Carne Fraca

Em 17 de março de 2017, a Polícia Federal deflagrou a Operação Carne Fraca, que investigou um esquema fraudulento formado por empresas frigoríficas e servidores do Ministério da Agricultura, com o propósito de adulterar a carne vendida em supermercados com aditivos químicos, particularmente com vitamina C, sendo usada para produzir uma aparência saudável em carnes estragadas. Conforme a polícia, "Os agentes públicos, utilizando-se do poder fiscalizatório do cargo, mediante pagamento de propina, atuavam para facilitar a produção de alimentos adulterados, emitindo certificados sanitários sem qualquer fiscalização efetiva".[212]

Além disso, em ligação telefônica interceptada pela PF, o ministro da Justiça Osmar Serraglio chamou o superintendente regional do Ministério da Agricultura Daniel Gonçalves Filho de "grande chefe". Daniel foi apontado pela PF como líder de uma quadrilha que facilitava a produção de carnes adulteradas e emitia certificados de inspeção falsos. A senadora Kátia Abreu afirmou que o então deputado Serraglio a procurou para tentar manter o fiscal Daniel como superintendente regional, apesar de ele enfrentar um processo administrativo disciplinar. Em 19 de março de 2017, o presidente Michel Temer jantou em uma churrascaria de Brasília com embaixadores de países importadores de carne brasileira. Temer convidou esses representantes pessoalmente após uma reunião, realizada para assegurar que a carne brasileira estava apta para o consumo

Uso das Forças Armadas para conter manifestações em Brasília

No dia 24 de maio, um protesto realizado por centrais sindicais resultou em confronto entre manifestantes, que avançavam em direção ao Congresso, e a Polícia Militar, a qual tentou contê-los usando bombas de gás lacrimogêneo. A ação provocou incêndio nos edifícios dos ministérios da Cultura, do Planejamento e da Agricultura. Michel Temer decretou a ação das Forças Armadas para conter as manifestações em Brasília, prevendo a atuação dos militares entre os dias 24 e 31 de maio. O Ministro da Defesa, Raul Jungmann, informou que o presidente decretou a "ação de garantia da lei e da ordem". Nas palavras dele, "Nesse instante, tropas federais se encontram neste palácio, no Palácio do Itamaraty e logo mais estarão chegando tropas para assegurar que os prédios dos ministérios sejam mantidos incólumes". Houve grande tumulto na Câmara, com suspensão da sessão corrente, e manifestantes se reuniram na Esplanada dos Ministérios para pedir a saída de Temer. O ministro afirmou que o uso de tropas federais em Brasília foi solicitado pelo Presidente da Câmara dos Deputados, Rodrigo Maia, contudo este apresentou ofício em que negou a declaração e disse que, na realidade, solicitou o emprego da Força Nacional de Segurança Pública e não o das Forças Armadas.

No dia 25 de maio, Temer revogou o decreto do dia anterior e pôs fim ao uso das Forças Armadas para ações de garantia da lei e da ordem no Distrito Federal.

Intervenção no Rio de Janeiro

Em 16 de fevereiro de 2018, Temer assinou um decreto de intervenção federal na segurança pública do estado do Rio de Janeiro. Assim, o general do Exército Walter Souza Braga Netto, do Comando Militar do Leste, se tornou o interventor no estado até o dia 31 de dezembro de 2018. Sua missão era se responsabilizar pelo comando da Secretaria de Segurança, das Polícias Civil e Militar, do Corpo de Bombeiros e do sistema carcerário do estado. Temer justificou a medida em função da gravidade do momento e da necessidade de reagir de modo firme para derrotar o crime organizado. O governador do Rio de Janeiro, Luiz Fernando Pezão, concordou com a medida. O General Netto disse que ainda não tinha um plano efetivo, mas que estava em fase de estudos. Conforme o governo, o decreto não significava nenhuma restrição de direitos e garantias ou uma ameaça à democracia. O interventor federal ficou subordinado ao presidente da República e poderia requisitar, se necessário, "os recursos financeiros, tecnológicos, estruturais e humanos do estado do Rio de Janeiro, afetos ao objeto e necessários à consecução do objetivo da intervenção".

Dívidas com o SUS

A reserva do orçamento federal para bancar a saúde pública em 2018 foi estimada em 130 bilhões de reais. No entanto, é a segunda vez em vinte anos que o orçamento não teve um aumento real para reformar hospitais públicos, comprar novas ambulâncias ou cuidar da saúde preventiva da população. O valor que o Ministério da Saúde reserva para o Sistema Único de Saúde (SUS) não vem sendo totalmente executado. Constatou-se uma dívida que aumentou muito nos últimos anos e que se aproximou de 20,9 bilhões de reais até o fim de 2017. As práticas governamentais têm feito a dívida crescer. Em 2003, antes dos governos de Lula, de Dilma e de Michel Temer, o valor inscrito e reinscrito como restos a pagar não passava de 14,4 milhões de reais. Em 2017, chegou a R$ 14,3 bilhões de reais. O Ministério da Saúde afirmou que a prática não é um problema.

Protestos e manifestações populares

O governo Temer foi alvo de protestos e manifestações populares desde os primeiros dias. A primeira entrevista para o programa Fantástico foi recebida por parte da população com "panelaços" e "apitaços", além de gritos de ordem como "golpista", em diversos locais do país. Em 17 de maio de 2016, entidades como a União Nacional dos Estudantes, o Levante Popular da Juventude, a União da Juventude Socialista e a União Brasileira de Mulheres levaram cerca de oito mil pessoas à Avenida Paulista, em São Paulo, para pedir o afastamento do presidente interino.

Em reação ao fechamento do Ministério da Cultura, militantes do setor ocuparam, em maio de 2016, as sedes do órgão em diversos estados. Foram ocupados, entre outros, o Palácio Gustavo Capanema, no Rio de Janeiro, e os prédios da Funarte em Belo Horizonte, Brasília e São Paulo. A ocupação recebeu apoio de artistas como Otto e Arnaldo Antunes, que fizeram shows no Palácio Capanema.

No dia 17 de maio, durante o Festival de Cannes, na França, integrantes da equipe do filme Aquarius, incluindo o diretor Kleber Mendonça Filho e a atriz Sônia Braga, mostraram cartazes em protesto contra o impeachment de Dilma Rousseff. Em sua conta oficial no Twitter, Dilma Rousseff agradeceu o apoio.

Em 21 de maio, um grupo de cerca de sessenta manifestantes ocupou a área em frente à residência de Michel Temer em São Paulo. No dia seguinte, a Polícia Militar de São Paulo proibiu o acesso ao local, com a justificativa de que se tratava de "área de segurança presidencial". Também no dia 22, houve um protesto no Rio de Janeiro, onde o presidente interino previa comparecer à inauguração do Veículo leve sobre trilhos (VLT) no centro da cidade. A cerimônia, porém, foi cancelada. A Virada Cultural do mesmo dia foi igualmente marcada por manifestações contra o governo.

Em 10 de junho, houve novas manifestações em todo o país; milhares de pessoas se reuniram na Avenida Paulista, em frente ao Museu de Arte de São Paulo (Masp), em um protesto contra o presidente interino Michel Temer. O ato foi convocado pela Frente Brasil Popular e pela Frente Povo sem Medo e reuniu movimentos e centrais sindicais como: Central Única dos Trabalhadores (CUT), União Nacional dos Estudantes (UNE), Intersindical, CTB, Movimentos dos Trabalhadores Rurais Sem Terra (MST) e Movimentos dos Trabalhadores Sem Teto (MTST), entre outros. Um caminhão de som foi colocado para que políticos e líderes sociais se pronunciassem, incluindo o ex-presidente Lula, que participou do ato. Os objetivos foram protestar contra o impeachment de Dilma Rousseff, contra os chamados retrocessos sociais do governo Temer, pelos direitos dos trabalhadores, pela democracia e contra a reforma na Previdência Social. Não havia consenso a respeito do plebiscito das novas eleições.

No dia 7 de setembro, ocorreram protestos contra o governo Temer em 25 estados e no Distrito Federal. A maior manifestação ocorreu na cidade de Salvador. No dia 22 de setembro, centrais sindicais promoveram o "Dia Nacional de Paralisação e Mobilização das Categorias" contra as propostas de reformas na legislação trabalhista e previdenciária, em pelo menos 23 estados e no Distrito Federal. Pelo menos 32 cidades registraram manifestações, a maior delas em Salvador. Os atos contaram com o apoio dos movimentos Frente Brasil Popular e Povo sem Medo.

Ocorreram protestos contra a PEC do Teto dos Gastos em diversos estados e no Distrito Federal nos dias 24 de outubro, 11 de novembro e 25 de novembro de 2016, na Avenida Paulista no dia 27 de novembro de 2016 e na Esplanada dos Ministérios no dia 29 de novembro, quando estava prevista a votação em primeiro turno no Senado. Inicialmente Temer e sua equipe minimizaram os protestos, tratando-os como algo inexpressivo realizado por grupos pequenos. Posteriormente mudaram a postura, visando evitar maior agitação de seus críticos, e começaram a referir-se aos protestos como algo natural da democracia, adotando o discurso de que deve-se respeitar o direito de manifestação.

No dia 15 de março de 2017, ocorreram manifestações em dezenove estados e no Distrito Federal, contra a proposta de reforma da Previdência encaminhada pelo Governo Temer ao Congresso. Os protestos, sob o título de O Dia Nacional de Paralisações e Greves contra as reformas da Previdência e Trabalhista, foram organizados por centrais sindicais e movimentos como CUT (Central Única dos Trabalhadores), CNTE (Confederação Nacional dos Trabalhadores em Educação), Frente Brasil Popular e Frente Povo Sem Medo. A paralisação dos transportes públicos e a ocupação das vias públicas causou transtornos sobretudo em São Paulo, Curitiba e Salvador. Em discurso, o presidente defendeu a reforma como a única maneira de garantir os benefícios dos aposentados no futuro.

Em 28 de abril, as centrais sindicais e os movimentos de esquerda convocaram uma greve geral contra as propostas de reformas previdenciária e trabalhista do governo. Houve manifestações em 25 estados e no Distrito Federal, com paralisação de serviços públicos, ações violentas dos ativistas, confrontos com a polícia militar e até mesmo um ataque à casa do presidente. O setor do transporte público foi afetado em todas as capitais, deixando as ruas praticamente vazias. No ABC paulista, principal polo automotivo do país, cerca de sessenta mil trabalhadores de montadoras e de outras empresas do setor aderiram à greve e paralisaram a produção de veículos. Em nota, o presidente Michel Temer criticou os protestos realizados no país. Segundo ele, "Pequenos grupos bloquearam rodovias e avenidas para impedir o direito de ir e vir do cidadão, que acabou impossibilitado de chegar ao seu local de trabalho ou de transitar livremente". No Twitter, Dilma Rousseff escreveu que "A mobilização em defesa de direitos trabalhistas e previdenciários une os trabalhadores e mostra a força da sua resistência". Além dela, muitos outros políticos e lideranças nacionais fizeram pronunciamentos e a mídia internacional cobriu amplamente o evento.

Em 17 de maio, após as denúncias de gravações contra Michel Temer, houve um protesto às 22 horas, em frente ao Museu de Arte de São Paulo (Masp), na Avenida Paulista, que reuniu cerca de mil pessoas e bloqueou o sentido Consolação da avenida. O grupo emitiu gritos de ordem - como "Fora, Temer" - e pediu o impeachment do presidente. A manifestação foi liderada pela Frente Povo Sem Medo e contou com a adesão do Movimento dos Trabalhadores Rurais Sem Terra (MTST), que convocou a sua militância através das redes sociais. Segundo os líderes, cerca de duzentos manifestantes deveriam seguir rumo à Brasília, para protestar diante do Palácio do Planalto. Ao dos dias 18 e 21 de maio, outros protestos ocorreram diversos estados e no Distrito Federal, pedindo a saída do presidente.

Manifestantes em confronto com a polícia em Brasília/Foto: Agência Brasil

Em 24 de maio, houve uma grande manifestação contra o presidente em Brasília. Diversos manifestantes arremeteram contra os policiais que faziam a revista na entrada da Esplanada dos Ministérios, dando início a um confronto generalizado entre policiais e manifestantes e causando a depredação de placas de sinalização e de prédios ministeriais, a qual resultou em pequenos incêndios na área interna dos Ministérios da Agricultura, do Planejamento e da Cultura. A Central Única dos Trabalhadores (CUT) estimou que os atos reuniram duzentos mil manifestantes durante todo o dia. Segundo a Secretaria de Segurança Pública do Distrito Federal, sete pessoas foram detidas durante os protestos, suspeitas de dano ao patrimônio público, desacato e porte ilegal de arma. Até as 19h30min, foram contabilizadas 49 pessoas feridas, entre manifestantes e policiais militares. Para conter a situação, o presidente convocou 1.500 soldados do Exército. Essa medida foi severamente contestada.

No dia 28 de maio, houve um ato em favor da realização de eleições diretas, na Praia de Copacabana, que contou com a participação do Cordão do Bola Preta e de cantores como Mano Brown, Otto, Maria Gadú, Pretinho da Serrinha, Milton Nascimento e Caetano Veloso, além de políticos de esquerda e de atores como Daniel de Oliveira e Sophie Charlotte. A Constituição determina que, no caso de Temer ter o seu mandato cassado, uma eleição indireta seja feita pelo Congresso Nacional, mas os manifestantes defenderam uma emenda constitucional para permitir eleições presidenciais diretas antes de 2018. Segundo os organizadores do movimento, havia entre quinze e cinquenta mil pessoas.

No dia 4 de junho, houve um novo ato em favor da realização de eleições diretas, no Largo do Batata (São Paulo), que contou com a participação de cantores como: Chico César, Maria Gadú, Criolo, Emicida, Pitty, Tulipa Ruiz, Mano Brown, Otto e Simoninha. A manifestação foi organizada por entidades sociais como: Frente Brasil Popular, Povo Sem Medo, Central Única dos Trabalhadores, Central de Movimentos Populares, União Nacional dos Estudantes e Levante Popular da Juventude. Os líderes falaram ao microfone, nos intervalos das apresentações musicais, para criticar o governo Temer e exigir a realização de eleições diretas antes de 2018. O evento foi nomeado "SP pelas Diretas Já" e contou, segundo a organização, com a participação de cerca de cem mil pessoas.

Em 30 de junho, novas manifestações de protesto contra as reformas trabalhista e previdenciária ocorreram em todo o país. O evento começou com o bloqueio de vias públicas durante a manhã e perdeu força no decorrer da tarde. As centrais sindicais queriam uma greve geral, mas apenas algumas categorias aderiram e a mobilização enfraqueceu. Houve registros de atos em muitos estados. Em São Paulo, a Avenida Paulista foi bloqueada por representantes de partidos políticos e centrais de trabalhadores. Ouviam-se muitas palavras de ordem contra o presidente Temer, exigindo principalmente a sua saída do cargo.

Reações Externas

De imediato, o afastamento da presidente do Brasil repercutiu especialmente entre os países da América Latina. O início do governo interino mereceu, primeiramente, uma nota oficial da chancelaria da Argentina, manifestando respeito pelo "processo institucional em curso" e confiança no "desenlace da situação".[323] Mas, em contraste com a cautela do presidente Macri, governantes da Bolívia, Venezuela, Cuba, Equador, Bolívia, Nicarágua e El Salvador, além da Aliança Bolivariana para os Povos da Nossa América - Tratado de Cooperação dos Povos (Alba/TCP) -, pronunciaram-se abertamente contra o que chamaram de "golpe parlamentar" em curso no Brasil.

Ao mesmo tempo, o secretário-geral da União de Nações Sul-Americanas (Unasul), Ernesto Samper, afirmou que as acusações contra Rousseff não justificavam o seu afastamento, admitindo que "Podemos chegar a ter que consultar os demais países do bloco sobre aplicar ou não a cláusula democrática [da Unasul]". A chancelaria do governo Temer criticou os governos daqueles países, por "propagar falsidades sobre o processo político interno no Brasil". O Itamaraty também criticou as declarações do secretário da Unasul.

Nos dias que se seguiram, os governos do Chile e do Uruguai informaram que não pretendiam manter contato com o governo interino do Brasil. O secretário-geral da OEA, Luis Almagro, declarou que podia levar o impeachment brasileiro à Corte Interamericana de Direitos Humanos, considerando que o processo estaria marcado por "incerteza jurídica".[30][329] Um grupo de deputados do Parlamento Europeu classificou o impeachment de Dilma Rousseff como golpe branco e solicitou à União Europeia que interrompa as negociações comerciais com o Mercosul.

Em 31 de maio, um grupo de deputados do Parlamento Europeu pediu que a União Europeia interrompesse as negociações comerciais com o Mercosul por conta do afastamento da presidente Dilma Rousseff. Em carta enviada à Comissão Europeia, os deputados alertaram que o bloco estaria negociando com "um governo sem legitimidade". A iniciativa foi liderada por partidos políticos, como o espanhol Podemos e o italiano MoVimento 5 Estrelas, e por grupos parlamentares como Esquerda Unitária Europeia/Esquerda Nórdica Verde e Grupo dos Verdes/Aliança Livre Europeia. Num primeiro momento, 34 deputados, dos 751 representantes no Parlamento Europeu, assinaram o documento, mas novas adesões eram buscadas pelos organizadores. Os deputados europeus classificaram o processo no Brasil como um golpe brando na forma de impeachment e pretendiam incluir a crise política no Brasil na agenda do Parlamento Europeu, da mesma forma como já estava sendo feito em relação à Venezuela.

Várias agências de notícias publicaram que Michel Temer criou um gabinete inteiramente composto por homens brancos para comandar um dos países mais etnicamente diversificados do mundo, observando que se tratava do primeiro gabinete sem mulheres no Brasil, desde 1979. Em 13 de junho, o Alto Comissário de Direitos Humanos da ONU, Zeid Al Hussein, também alertou para a falta de negros no governo, lembrando que existiam mais de 150 milhões de afrodescendentes na América Latina e no Caribe, somando quase 30% da população, incluindo mais da metade da população do Brasil e mais de 10% da população de Cuba, embora a representação desse segmento nos altos escalões governamentais ainda fosse muito pequena. Hussein declarou: "Esse déficit de representação na cúpula do poder afeta toda a sociedade: parlamentos, locais de trabalho no setor público e privado, escolas, tribunais, na imprensa, todos lugares em que às vozes dos afrodescendentes é dado muito pouco peso".

Capítulo 4.6: Marielle Franco Presente

Marielle Francisco da Silva, conhecida como Marielle Franco (Rio de Janeiro, 27 de julho de 1979 – Rio de Janeiro, 14 de março de 2018), foi uma socióloga, política, feminista e defensora dos direitos humanos brasileira. Filiada ao Partido Socialismo e Liberdade (PSOL), elegeu-se vereadora do Rio de Janeiro para a Legislatura 2017-2020, durante a eleição municipal de 2016, com a quinta maior votação. Crítica da intervenção federal no Rio de Janeiro e da Polícia Militar, denunciava constantemente abusos de autoridade por parte de policiais contra moradores de comunidades carentes. Em 14 de março de 2018, foi assassinada a tiros junto de seu motorista, Anderson Pedro Mathias Gomes, no Estácio, Região Central do Rio de Janeiro.

Marielle foi executada com três tiros na cabeça e um no pescoço, por volta das 21h30min de 14 de março de 2018, quando também foi assassinado Anderson Pedro Mathias Gomes, motorista do veículo em que a vereadora se encontrava. A principal linha de investigação das autoridades competentes é que seu assassinato se tratou de uma execução, embora não descartem outros potenciais motivos. No entanto, segundo investigações a respeito da direção dos tiros e sobre o fato de haver um outro carro dando possível cobertura aos atiradores, a hipótese de um crime premeditado se fortalece. De acordo com a Human Rights Watch, o assassinato dela relacionou-se à "impunidade existente no Rio de Janeiro" e ao "sistema de segurança falido" do estado.

Após ser velado na Câmara Municipal carioca, com a presença de milhares de pessoas, o corpo de Franco foi enterrado em 15 de março, no Cemitério São Francisco Xavier, no Rio de Janeiro. O assassinato dela motivou reações nacionais e internacionais, como a organização de diversos protestos em todo o território brasileiro e oposição de parte dos eurodeputados à negociação econômica entre União Europeia e Mercosul. O Presidente da República, Michel Temer, afirmou que o crime era "inaceitável" e que "não ficaria impune", enquanto a Câmara dos Deputados realizou sessão solene em sua homenagem, bem como todos os ministros do Supremo Tribunal Federal (STF) proferiram discursos de pesar.

De outro lado, figuras públicas ligadas à direita brasileira, como os jornalistas Reinaldo Azevedo e Augusto Nunes, acusaram a esquerda de explorar politicamente o assassinato de Marielle. Em Salvador, durante o Fórum Social Mundial, Dilma Roussef chegou a afirmar que o assassinato "fez parte de um dos atos deste golpe que desencadearam no Brasil". Em acréscimo, pessoas e grupos representativos da direita, como o Movimento Brasil Livre e o deputado Alberto Fraga (DEM), publicaram mensagens nas redes sociais, manifestando dúvidas sobre a idoneidade moral da vereadora, tais como uma alegada ligação com traficantes. Nas semanas seguintes, o poder judiciário, por meio de sentenças proferidas por magistrados distintos, determinou a remoção de publicações contendo conteúdo calunioso ou falso sobre Franco no Facebook e no YouTube.

Em julho de 2018, a Assembleia Legislativa do Estado do Rio de Janeiro aprovou a Lei 8054/2018 que consolidou 14 de março ao Calendário Oficial do Estado do Rio de Janeiro como o "Dia Marielle Franco – Dia de Luta contra o genocídio da Mulher Negra".

Marielle Franco/Imagem da internet

"Tentaram nos enterrar, mal sabiam que éramos sementes."
Autoria desconhecida

Marielle vive!

Capítulo 5: Greve dos caminhoneiros

Como vimos nos capítulos anteriores, a direita estava muito mais organizada - mesmo que mal soubessem o que estavam fazendo – do que a esquerda. Quando nessa história a esquerda entra em ação? Uma ótima oportunidade: A Greve dos Caminhoneiros: trabalhadores contra grandes empresas... Movimento de esquerda, certo?

Também chamada de Crise do Diesel, foi uma paralisação de caminhoneiros autônomos com extensão nacional iniciada no dia 21 de maio de 2018, no Brasil. Os grevistas se manifestaram contra os reajustes frequentes e sem previsibilidade mínima nos preços dos combustíveis, principalmente do óleo diesel, realizados pela estatal Petrobras com frequência diária, pelo fim da cobrança de pedágio por eixo suspenso e pelo fim do PIS/Cofins sobre o diesel. O preço dos combustíveis vinha aumentando desde 2017 e sua tributação representa 45% do preço final, sendo 16% referente ao PIS/COFINS, de competência da União. O preço ao consumidor da gasolina brasileira estava na média mundial na semana da greve, em valores absolutos, enquanto o diesel estava abaixo da média, sendo o segundo mais barato do G8+5, apesar de ser o segundo mais caro na América Latina, ao lado de Paraguai e Argentina.

A paralisação e os bloqueios de rodovias em 24 estados e no Distrito Federal causaram a indisponibilidade de alimentos e remédios ao redor do país, escassez e alta de preços da gasolina, com longas filas para abastecer. Além disso, várias aulas e provas foram suspensas, a frota de ônibus foi reduzida, voos foram cancelados em várias cidades, enormes quantidades de alimentos foram desperdiçados e há a possibilidade que 1 bilhão de aves e 20 milhões de suínos morram por falta de ração.

159

Até o dia 24 de maio, pelo menos cinco cidades no Rio Grande do Sul haviam decretado situação de calamidade pública devido aos desabastecimentos, enquanto outras cidades de quatro estados decretaram estado de emergência, dentre elas São Paulo e Porto Alegre. Desde o início da greve, as ações da Petrobras na B3 caíram 34 por cento, diante da redução do preço do diesel decorrente de negociações, perdendo 137 bilhões de reais em valor de mercado. No dia 25, o governo anunciou o uso das Forças Armadas para desobstruir as rodovias.

A greve e suas repercussões receberam cobertura internacional pela imprensa e dos principais jornais do país. A Anistia Internacional classificou o uso das forças armadas para desbloquear as rodovias como "extremamente preocupante". O ministro da segurança pública, Raul Jungmann, afirmou que o governo investiga a prática de locaute, negada pelos grevistas. No Senado, houve protesto, enquanto centrais sindicais, partidos políticos, e pré-candidatos às eleições presidenciais posicionaram-se a respeito da greve, alguns expressando apoio aos grevistas. Já o ex-ministro Henrique Meirelles afirmou que há um componente político-ideológico no movimento dos caminhoneiros.

A greve tinha tudo para ser a maior greve geral da história, se o brasileiro não tivesse – com o perdão da palavra - cagado com tudo. Ao invés de fortalecerem a greve, os brasileiros estavam preocupados em estocar comida, em esvaziar todas as prateleiras dos mercados, em fazer filas nos postos de combustíveis até todo o combustível acabar. Embora tivesse o apoio da população, não teve a participação e aderência da mesma. Com apenas um setor de trabalhadores unidos – os caminhoneiros – o Brasil praticamente parou. Mas aonde estava a esquerda nesse momento para mediar a situação?

Na noite do dia 27 de maio, Temer anunciou a redução do preço do diesel em quarenta e seis centavos por litro na bomba, que este preço permaneceria constante por sessenta dias e que novos reajustes seriam mensais. Além disso, foram publicados em edição extra do Diário Oficial da União três medidas provisórias atendendo exigências dos caminhoneiros. A primeira determina que pelo menos trinta por cento das contratações de frete feitas pela Companhia Nacional de Abastecimento sejam de caminhoneiros autônomos e através do intermédio de cooperativas. A segunda estabelece preços mínimos para os fretes. A terceira isenta os caminhões trafegando vazios em rodovias concessionadas federais, estaduais ou municipais de pagar pedágio sob eixo suspenso. O acordo não causou consenso entre os líderes sindicais, mesmo assim foi aceito e a greve se encerrou.

No dia 28 de maio, segundo o presidente da Associação Brasileira dos Caminhoneiros, José da Fonseca Lopes, de setenta a oitenta por cento dos manifestantes já haviam se retirado dos pontos de obstrução, e esperava a desmobilização até o final do dia seguinte. Lopes criticou também aqueles que permaneciam em manifestação para os fins políticos de derrubar o presidente Michel Temer e defender a intervenção militar no Brasil.

O diretor do Sindicato dos Transportadores Rodoviários Autônomos de Bens da Baixada Santista e Vale do Ribeira (Sindicam), José Cícero Rodrigues, afirmou que a greve só terminaria quanto a Petrobras confirmasse que do preço do diesel não voltaria a ter reajustes consecutivos.

O diretor do Sindicato dos Transportadores Autônomos de Carga de Ijuí (Sinditac-Ijuí), Carlos Alberto Litti Dahmer, afirmou que orientou que cada um tomasse suas próprias decisões e afirmou que não mais há controle nem confiança no governo.

Respondendo meu questionamento inicial: não. Não foi uma manifestação de esquerda, embora tivesse tudo pra ser. Como vimos, parte dos caminhoneiros defendiam inclusive a intervenção militar. E o saldo da direita sobe para 3x0.

DIREITA   ESQUERDA

#NÃOVAITERCOPA: 1   0
#TCHAUQUERIDA: 1   0
#CAMINHONEIROS: 1   0

Capítulo 6: O Mito

Saído de Eldorado, interior paulista, aos 18 anos, o deputado Jair Messias Bolsonaro foi um lobo solitário que navegou na insatisfação exposta pelas jornadas de 2013, e foi se ajustando para sua corrida a Presidência. (EL PAIS, 2018)

Em matéria feita pelo jornal El Pais no dia 21 de Outubro de 2018, intitulada como *Vida e Ascensão do Capitão Bolsonaro,* temos uma cronologia completa da vida do candidato. A matéria é tão completa que não temos outra opção que não seja anexá-la à esta obra.

> Ambicioso, ultradireitista, misógino e nostálgico da ditadura. O capitão reformado do Exército Jair Bolsonaro é o candidato com mais probabilidade de se tornar o futuro presidente do Brasil após o segundo turno eleitoral, no dia 28 de outubro. Uma equipe do EL PAÍS investigou a trajetória do aspirante: onde se criou, como entrou no Exército e no mundo da política, como começou do nada e foi, pouco a pouco, tecendo apoios dos principais setores. (EL PAIS, 2018)

Capítulo 6.1: A Infância

Dona Narcisa, de 63 anos, aponta a escola de paredes azuis. "Foi aí", conta. "Estávamos todos os alunos aí quando de repente: pum, pum, pum." Era 8 de maio de 1970. Carlos Lamarca, um guerrilheiro que lutava contra a ditadura brasileira (1964-1985), refugiou-se nesta cidade de 15.000 habitantes, a 180 quilômetros ao sul de São Paulo. Houve um tiroteio. Um policial morto. Estradas fechadas pela polícia, revistas generalizadas. Ao final, o guerrilheiro conseguiu fugir e levou sua luta para outro lugar. Mas aquela sexta-feira ficou na memória dos habitantes da cidade como um dos mais emocionantes na história de Eldorado Paulista. Impressionou a todos seus habitantes, sobretudo as crianças. Mais do que a ninguém, a um adolescente teimoso, ambicioso e desengonçado chamado Jair Bolsonaro.

Até esse dia, Bolsonaro, que tinha então 15 anos, destacava-se na cidadezinha por ser turrão e astuto. Também por sua facilidade para se enturmar com os outros meninos. Mas depois da visita do guerrilheiro, descobriu a capacidade do Exército para organizar a sociedade civil. Começou a ter algo claro na vida. "Dizia para a gente, para todo mundo, o tempo todo", conta Narcisa. "Ia sair de Eldorado porque ia se alistar no Exército."

Os Bolsonaro tinham chegado a Eldorado liderados pelo patriarca, Percy Geraldo Bolsonaro, depois de perambular durante anos por várias cidadezinhas do sertão paulista. O pai era dentista prático. Assim sustentava sua família de seis filhos, e chegou a ser célebre na cidade. Agora, o filho daquele dentista sem diploma está prestes a se tornar presidente do Brasil. Todas as pesquisas o mostram como favorito no segundo turno da eleição.

Para cumprir sua obsessão e entrar no Exército, o jovem Bolsonaro necessitava de duas coisas que não possuía na época: dinheiro e estudos. Para o primeiro, contava com um sócio: seu melhor amigo, Gilmar Alves. "Compramos uma vara e fomos pescar para vender: todo dia a gente ia para o rio, com frio ou calor", recorda Alves, hoje com o cabelo completamente grisalho, sentado num bar de Registro, cidade próxima a Eldorado, onde vive.

"E enquanto isso, estudávamos. Precisávamos nos esforçar muito porque naquela época Eldorado não tinha bons professores: o de História dava aulas de Química, sem saber muito", afirma. "Mas o Jair é uma das pessoas mais obstinadas que conheci. Estudava 24 horas por dia. Todo mundo ia aos bailes dos clubes e nós ficávamos estudando. Ele me dizia para que eu fosse para o Exército com ele, porque os presidentes eram todos militares e ele iria ser presidente".

O plano deu certo. Gilmar chegou a estudar Agronomia em Curitiba, e Jair entrou no Exército. Durante anos, os dois amigos mantiveram o contato. "Ele me ligava de vez em quando para pedir minha opinião", lembra. "Escuta Gilmar, o que achamos da prostituição?' 'Olha Jair, é a profissão mais antiga do mundo e é preciso apoiar as trabalhadoras. É preciso repudiar os que exploram a mulher'. 'Tá, tá. Mas é que eu estou me aproximando dos evangélicos e isso não fica bem".

A amizade acabou se rompendo. Em abril de 2015, cada vez mais convencido de que poderia se tornar presidente, durante uma entrevista televisionada, Bolsonaro falou de seu amigo de infância, de seu companheiro de pesca. Após décadas falando bobagens homofóbicas e racistas, talvez para contrastar, dessa vez disse algo diferente: "Eu tenho um amigo gay, Gilmar, que vive em Registro". Gilmar ficou atônito ao escutá-lo. "Eu não sou gay", diz. A suposta revelação teve como consequência uma campanha de assédio: por WhatsApp, nos bares, na rua. "Não importa onde, alguém se aproximava e me dizia com um sorriso: 'Como você escondeu bem isso, frutinha', e: 'Bom, onde tem fumaça, tem fogo". "Eu telefonei para ele para que me desse explicações", lembra Alves. "E ele me respondeu: 'Mas eu não te chamei de gay". Gilmar sabe muito bem como definir seu antigo amigo: "É um desequilibrado, que não pensa antes de falar. Primeiro faz e depois conserta, se puder. É assim que quer chegar à presidência, mas não de um sindicato e sim de um país. Revelou um caráter que eu não conhecia. O de um mentiroso".

A aparência de Eldorado mudou desde os anos setenta. Onde existiam casas de barro e madeira, agora se erguem casas de concreto e tijolo. Surgiram parabólicas sobre os telhados. Mas continua sendo um pequeno pedaço de urbe no meio da mata. A rotina é a mesma: trabalhar, o bar, a casa. E os problemas também: um deles, como no restante do Brasil, é a desigualdade. O dono do maior restaurante do local é partidário de Bolsonaro; as duas funcionárias de sua cozinha (negras), não.

"Se esse homem vencer, os primeiros a sentir seremos nós", diz Ditão, um homem gigante, negro, de óculos de metal. Está na plantação de bananas que é seu ganha-pão. "Nós pobres somos os mais expostos à opressão militar. Eu tinha nove anos quando a ditadura começou em 1964; um dia a polícia prendeu meu pai sem nenhum motivo. Nenhum. Sabe por que ele não foi liberado? Porque não era o dono da terra em que trabalhava. O branco".

Capítulo 6.2: O Militar

Bolsonaro saiu de Eldorado para entrar na escola de cadetes da cidade de Resende, no Estado do Rio de Janeiro, nos anos 70. O país vivia à época a etapa mais sangrenta da ditadura. Centenas de jovens de esquerda que se opunham aos militares foram torturados, assassinados. E enterrados em valas comuns. Muitos familiares ainda não encontraram seus restos apesar de procurá-los durante anos. Foram várias as campanhas de busca. Em seu gabinete de deputado do Congresso, em 2009, Bolsonaro tinha um cartaz em que se referia depreciativamente a uma dessas campanhas: "Quem procura osso é cachorro".

Em seus tempos de tenente novato, Bolsonaro já revelava sua personalidade. Documentos publicados pelo jornal Folha de S. Paulo no ano passado mostram que, nos anos 80, os oficiais consideravam que o jovem Bolsonaro tinha "excessiva ambição financeira e econômica". O que o levou, entre outras coisas, a procurar ouro **ilegalmente** com outros militares sob seu comando.

Curiosamente, um dos maiores bordões dos eleitores de Bolsonaro em 2018 é: Bandido bom é bandido morto. Afinal, quem é bandido no Brasil? Quem comete um ato ilícito ou quem é preto, pobre e favelado?

Foi, entretanto, outro episódio que o tornou conhecido. Em 1986, com 31 anos, escreveu um artigo na revista VEJA em que se queixava dos baixos salários dos militares, o que, segundo ele, incentivava muitos cadetes a deixar a Academia. Foi detido pelo texto, preso durante 15 dias e sofreu um processo militar por indisciplina. Também recebeu 150 telegramas de solidariedade de todo o país e o apoio de oficiais e suas esposas.

Bolsonaro então protestava contra os militares e foi detido por indisciplina? O mesmo Bolsonaro, que em 2018 afirma que os trabalhadores devem aceitar ter menos direitos mas ter emprego do que ter direitos e ficar desempregado.

"[...] o sonho do oprimido é ser opressor." - Paulo Freire

Entusiasmado com esse apoio, elaborou um plano revelador de seu temperamento. Ainda de acordo com a VEJA, um grupo de oficiais do Exército sob seu comando planejou, em 1987, a operação "Beco Sem Saída", que consistia em explodir bombas de baixa potência em quartéis e academias militares para protestar pelos baixos salários. O assunto foi resolvido discretamente. O Tribunal Militar absolveu Bolsonaro em 1988 de todas as acusações de indisciplina e deslealdade. Mas o à época capitão precisou deixar o Exército. E começou a mirar na política. Ele nega o episódio.

Capítulo 6.3: O Parlamentar

Aproveitando a fama adquirida por defender as causas dos militares, conseguiu um mandato de vereador pela cidade do Rio de Janeiro nas eleições municipais de 1988. "Tinha o respaldo das patentes mais baixas, mas os generais em sua maioria eram contrários a ele. Hoje dá a impressão de que sempre teve o respaldo de todos. Mas muitos militares de patente alta o chamavam de oportunista. Quando iniciou sua carreira política muitos quartéis proibiam sua entrada", diz um coronel sob a condição de anonimato.

Dois anos depois conseguiria ser eleito pela primeira vez para um cargo nacional, como deputado pelo Rio de Janeiro, para o Congresso. Lá permaneceu durante outros seis mandatos. "Sempre foi um político individualista que consegue sua cota de popularidade graças ao seu caráter peculiar", diz o cientista político Eurico Figueiredo, diretor do Instituto de Estudos Estratégicos da Universidade Federal Fluminense (UFF). Muitos de seus discursos e algumas de suas entrevistas ficaram famosos. Nos anos 90 foi contrário às privatizações feitas pelo Governo de Fernando Henrique Cardoso e declarou que o à época presidente deveria ter sido fuzilado pela ditadura. Repetia que o regime havia errado ao não matar mais de 30.000 pessoas e que somente uma guerra civil, e não o voto, mudaria algo no país. Também apoiou grupos policiais violentos, defende a pena de morte, é partidário da redução da maioridade penal e da legalização do porte de arma. Afirma que está disposto a abarrotar ainda mais as prisões brasileiras.

Mas, em Brasília, onde exerce o cargo de deputado há 28 anos, nunca se destacou. Nunca esteve entre os cem principais parlamentares brasileiros avaliados por instituições independentes. De fato, em todos os seus anos de deputado conseguiu aprovar somente duas propostas: uma para aplicar o imposto sobre produtos industrializados também aos produtos de tecnologia e outra em que autorizava a utilização de um comprimido para curar o câncer. Do que Bolsonaro realmente gostava não era da obscura vida de um parlamentar e sim da de um político especialista na criação de polêmicas.

Seus colegas raramente o escutavam. Ele mesmo dizia que não tinha prestígio. Quando disputou a presidência da Câmara, em 2017, contra o atual presidente, Rodrigo Maia, do Democratas (DEM), só obteve quatro votos dos mais de 500 possíveis. "Eu não sou ninguém aqui. Nunca tive a honra sequer de ser o vice-líder de meu partido. Não tive porque não vou me alinhar às orientações partidárias", afirmou em um discurso no plenário da Câmara, em 2011.

Capítulo 6.4: O Lobo Solitário

Era um lobo solitário que passou por sete partidos diferentes – entre os mais de 30 que agora dividem a Câmara no Brasil – e, eleição após eleição, se preocupava quase exclusivamente em defender os interesses dos seus. Dos 190 projetos de lei apresentados por Bolsonaro, 32% eram relacionados aos militares, 25% à segurança pública e somente três a assuntos econômicos, dois à saúde e um à educação. Costuma dizer que, em todos esses anos, foi mais importante evitar que certas medidas fossem votadas do que conseguir ganhar suas batalhas. Aí mistura o verdadeiro e o falso. Entre esse último, cita o "kit gay", termo pejorativo que usa para um material que considera uma tentativa para estimular a homossexualidade, mas que, na realidade, era um projeto parlamentar desenvolvido por ONGs sob a tutela do Ministério da Educação. A pasta à época era comandada por Fernando Haddad, seu atual rival no segundo turno, e visava lutar contra a homofobia nas escolas: acabaria rejeitado pela pressão das igrejas evangélicas. "Se um menino tem um desvio de conduta quando ainda é jovem, é preciso colocá-lo de volta ao caminho certo, mesmo que seja com uma surra", disse em 2010.

Passou por louco, por histriônico, um militar que se tornava uma piada em plena democracia. A virulência de seus discursos antigos, entretanto, é a mesma de agora. Não mudou. Propôs em plena campanha o fuzilamento dos militantes do Partido dos Trabalhadores (PT). Anos antes insultou uma deputada do PT dizendo que ela não merecia ser estuprada. Chegou a afirmar que é partidário da implantação de um sistema de controle de natalidade à população pobre. "Não podemos conviver com essa taxa de natalidade. É algo que, logicamente, beneficia os governos corruptos e populistas: existem mais pessoas que ajudam a se perpetuar".

Sua participação em comissões parlamentares foi quase nula. Mas sua presença no plenário está acima da média. Nas últimas quatro legislaturas, esteve em pelo menos 90% das sessões. Quase não falta, de acordo com os registros oficiais da Câmara. Seu gabinete é uma ode aos militares. Há imagens dos ditadores do período de 1964 a 1985 e, nos últimos anos, se transformou em uma espécie de atração turística em Brasília. Não é raro encontrar admiradores fazendo fila somente para tirar uma selfie com o parlamentar – preferivelmente fazendo o gesto de atirar com as mãos – e com seu nome escrito na porta.

Tenta passar a imagem de um outsider, alguém que não possui padrinhos políticos e não tem protegidos enquanto constrói sua própria dinastia política. Três de seus cinco filhos foram eleitos para cargos legislativos: Flávio Bolsonaro é deputado estadual e senador pelo Rio de Janeiro com votação maciça. Eduardo Bolsonaro foi reeleito deputado federal por São Paulo. E Carlos é vereador pelo Rio de Janeiro.

Nas eleições de 2010 e 2014, Bolsonaro já chegou a pensar em concorrer ao Planalto, com um discurso anticorrupção e principalmente anti-PT, o que se mostraria um motor ímpar. Nunca esteve (como não está agora) entre os políticos envolvidos nos grandes escândalos de corrupção que assolaram o Brasil nos últimos anos, ainda que não escape ileso de faltas disseminadas, como explicar a incongruência de seu patrimônio e dos filhos, o uso de auxílio moradia destinado aos parlamentares mesmo tendo imóvel, por exemplo. Quando dizem que é homofóbico, misógino, machista e fascista, responde de maneira brusca: "Me chame de corrupto!".

Mas à época não encontrou nenhum partido que o recebesse. Ele se contentou em concorrer mais uma vez para uma cadeira na Câmara dos Deputados. No dia seguinte à sua eleição, em 2014, analisou a composição do Congresso Nacional e notou que o conservadorismo havia avançado. Os representantes da bancada BBB (bala, boi e bíblia, ou seja, os que pedem a legalização das armas e que centram seus discursos na segurança, os que representam os latifundiários e pecuaristas e os deputados religiosos evangélicos). Era o momento de se aproximar ainda mais deles. Apesar de ser católico, voltou a se juntar aos evangélicos, se afiliou ao Partido Social Cristão e foi batizado por um pastor [que seria acusado de receber propina tempos depois] no rio Jordão, em Israel.

No ano passado, mudou outra vez de partido. Entrou no Partido Social Liberal, uma legenda pequena e quase desconhecida até então. Ocupou os cargos principais da sigla e tomou para si o controle do dinheiro e das subvenções. Na primeira reunião em sua casa para incorporar deputados a sua campanha, em dezembro de 2016, estavam dez colegas. Na última, em abril desse ano, mais de uma centena. "Vários deputados esperavam na calçada para poder entrar. Com tanto apoio e esse ambiente anti-PT nas ruas e nas redes sociais, me juntei a eles. O mais importante é tirar o PT do poder. O resto vemos depois", afirmou um deputado do DEM que entrou no grupo nessa última reunião.

Capítulo 6.5: A Igreja

Ter se casado três vezes e ter filhos desses três casamentos diferentes não o impediu de sempre elogiar o modelo de família tradicional e sua moralidade ultraconservadora para receber o apoio crucial dos eleitores evangélicos. Sabe do que fala. Sabe como falar com eles. Em 2006, em plena efervescência da era Lula, quando a economia do país crescia sob o governo daquele que foi o presidente mais popular do Brasil, um desanimado Bolsonaro conversava nos corredores do Congresso com o senador evangélico Magno Malta. Ambos lamentavam a aprovação da que ficou conhecida como "lei anti-homofobia", que estabelecia uma série de penas para quem discriminasse outra pessoa por sua orientação sexual. "Não temos outra alternativa, precisamos criar uma candidatura", acertaram os dois naqueles corredores. Ali nasceu a ideia de uma candidatura e de um lema hoje utilizado pelo ex-capitão: "Brasil acima de tudo. Deus acima de todos".

A relação de Jair Bolsonaro com o neonazismo se faz presente até em seu slogan de campanha: na Alemanha de Hitler, uma das frases mais repetidas era "Deutschland über alles", que quer dizer "Alemanha acima de tudo".

Estavam quase sozinhos à época. Mas conforme a candidatura de Bolsonaro se consolidava, acabou atraindo quase todos os líderes religiosos. O fenômeno de bola de neve tomou forma. O mundo econômico decidiu se inclinar ao seu lado à medida que as pesquisas engordavam. E os empresários que antes se afastavam dele por vê-lo como grosseiro e vulgar, decidiram atravessar a linha encorajados pelo Governo liberal e a diminuição de impostos que ele promete. Os mercados também fazem campanha para Bolsonaro: a bolsa de valores de São Paulo sobe a cada pesquisa vencedora.

Seu interesse religioso estratégico conquistou apoios importantes entre o empresariado. Meyer Nigri, dono da importante construtora Tecnisa, foi um dos primeiros a declarar publicamente seu apoio a Bolsonaro em fevereiro desse ano. Justificou em uma entrevista à revista Piauí que eram cinco as razões para apoiá-lo: ser honesto, não ser de esquerda, entender de segurança pública, apoiar Israel e ser bem assessorado. Outro empresário que se uniu a ele é o controvertido Luciano Hang, dono de uma rede de lojas no sul do país, investigado por aparecer em vídeo reunido com seus funcionários alertando-os de que se o PT ganhasse ele fecharia seu negócio. O EL PAÍS mostrou em agosto que Hang usou dinheiro para ampliar o alcance de um vídeo de apoio no Facebook, o que é ilegal - ele acabou punido pelo TSE. A Folha de S. Paulo afirma que Hang faz parte do grupo que comprou serviços digitais para distribuir maciçamente mensagens falsas através do WhatsApp contra o PT.

Capítulo 6.6: O Rei do Facebook

Bolsonaro é o rei das redes sociais em um país viciado em redes sociais. Tem sete milhões de seguidores no Facebook, página que estreou em plena jornada de protestos de 2013 e que ele faria crescer no embalo da campanha de rua e de redes contra o impeachment –enquanto a Operação Lava Jato preenchia o noticiário exibindo a elite da classe política envolvida no escândalo, que acabaria por tirar o então líder das pesquisas Luiz Inácio Lula da Silva da corrida presidencial. A cifra é o dobro dos que possui, por exemplo, o centenário jornal O Estado de S. Paulo (3.740.028 seguidores). Sua campanha ocorre em boa parte pelo WhatsApp. De acordo com o Instituto Datafolha, 66% dos eleitores brasileiros consomem e compartilham notícias e vídeos sobre políticos por meio dessa rede. Muitos contratam planos de celular apenas com o serviço de mensagens por aproximadamente dez reais por mês. Recebem a notícia, mas não há Internet para checar se é verdadeira. Muitos especialistas dizem que não há nada que se encaixe tão bem com os algoritmos das redes sociais como o tribalismo, o radicalismo e o histrionismo. O estilo arrogante e insolente de toda a sua vida encontrou o caminho para se expandir. A vitória de Bolsonaro passa por aí. Por se indignar diante de todos contra os monstros que ele mesmo inventa.

Todos os créditos à Afonso Benites, Felipe Betim, Fernanda Becker, Regiane Oliveira, Talita Bedinelli e Tom C. Avendaño.

Capítulo 7: 1 contra 12

Chegamos enfim, às eleições de 2018. De um lado a promessa da tão esperada candidatura de um mito, quase de mãos dadas com o NOVO, do outro lado o presidente mais amado e mais rejeitado do Brasil: Lula.

As convenções partidárias confirmaram 13 candidatos à Presidência da República, o maior número desde a eleição de 1989, a primeira após a redemocratização, que teve 22 candidatos. O Movimento Democrático Brasileiro apresentou o primeiro candidato ao governo desde 1994. O Partido dos Trabalhadores oficializou a candidatura do ex-presidente Luiz Inácio Lula da Silva. No entanto, Lula, preso por corrupção e lavagem de dinheiro, teve a candidatura indeferida pelo TSE em virtude de sua condenação em segunda instância, violando assim os dispositivos para ser considerado elegível segundo a Lei da Ficha Limpa. Lula escolheu como seu vice Fernando Haddad, que deveria assumir a condição de candidato a Presidente. Em 11 de setembro, data limite estabelecida pelo TSE, a executiva do Partido dos Trabalhadores aprovou a indicação de Haddad como candidato a presidente e Manuela d'Ávila a vice-presidente.

Era então:

O Mito: Jair Messias Bolsonaro - 17 (PSL) contra:

1. Álvaro Dias – 19 (PODE)
2. Cabo Daciolo – 51 (PATRI)
3. Ciro Gomes – 12 (PDT)
4. Fernando Haddad – 13 (PT)
5. Geraldo Alckimin – 45 (PSDB)
6. Guilherme Boulos – 50 (PSOL)
7. Henrique Meirelles – 15 (MDB)
8. João Amoedo – 30 (NOVO)
9. João Goulart Filho – 54 (PPL)
10. José Maria Eymael – 27 (DC)
11. Marina Silva – 18 (REDE)
12. Vera Lúcia – 16 (PSTU)

Qual a chance de um cara tão retrógrado e reacionário ganhar? Mas não contávamos com sua astúcia.

> "Esse cara tá com nada
> Sabe pouco do que diz
> Muito bla bla bla que queima quem podia ser feliz
> Desrespeito é o que prega então é o que colherá
>
> Jogo purpurina em cima para o feio embelezar

Jogo purpurina em cima para o feio embelezar

Esse cara escroto
Muito escroto

Esse já não sei se bate bem

Se a um fascista é concedido cargo alto e voz viril
Vai lucrar do desespero, tal loucura já se viu
Bolso dele sempre cheio, nosso copo anda vazio
Mesquinhez e intolerância, bolso nada que pariu

Bolso dele sempre cheio bolso nada que pariu
Bolso dele sempre cheio bolso nada que pariu
Bolso dele sempre cheio bolso nada que pariu

Esse cara escroto
Muito escroto
Esse cara escroto
Muito escroto

Esse já não sei se bate bem

Se a um fascista é concedido cargo alto e voz viril
Vai lucrar do desespero, tal loucura já se viu
Bolso dele sempre cheio, nosso copo anda vazio
Mesquinhez e intolerância, bolso nada que pariu

Bolso dele sempre cheio bolso nada que pariu

Esse cara escroto
Muito escroto"

Bolso Nada – Francisco, El Hombre

Capítulo 7.1: A facada

No dia 06 de Setembro de 2018, durante um ato de campanha em Juiz de Fora, o candidato à presidente Jair Bolsonaro - também conhecido como Bolsomito, ou apenas O Mito, ou para a oposição O Coiso, Salnorabo, Bolsonada, etc – levou uma facada enquanto era carregado nos ombros por apoiadores quando um homem se aproximou e o feriu na barriga.

Bolsonaro foi socorrido e levado à Santa Casa de Misericórdia da cidade. O hospital informou que ele deu entrada na emergência, por volta de 15h40, com "uma lesão por material perfurocortante na região do abdômen". Segundo os médicos, Bolsonaro chegou com a pressão baixa por causa da perda de sangue.

O candidato teve lesões nos intestinos delgado e grosso e passou por uma cirurgia que durou cerca de 2 horas e terminou por volta das 19h40. O estado de saúde dele é estável. Por volta das 19h55, Bolsonaro foi levado para a UTI da Santa Casa de Juiz de Fora, onde passou a noite.

Um dos médicos que operou o candidato, Luiz Henrique Borsato, disse que a estimativa é de que Bolsonaro fique de uma semana a 10 dias internado em recuperação. Uma equipe do Hospital Sírio-libanês, de São Paulo, deve chegar ainda nesta noite à cidade mineira para avaliar uma possível transferência de Bolsonaro.

Inicialmente, um de seus filhos, o deputado estadual Flavio Bolsonaro, tinha afirmado que o ferimento era superficial, mas exame indicou a suspeita de uma lesão no fígado.

Na cirurgia, os médicos constataram que não tinha ocorrido lesão no fígado, mas que havia três lesões no intestino delgado – que já foram tratadas. Segundo os médicos, a facada foi profunda e também atingiu uma veia no abdômen.

Bolsonaro após levar a facada/Imagem da internet

Os médicos fizeram uma colostomia temporária, procedimento que conecta o intestino a uma bolsa fora do corpo, evitando que as fezes passem e possam causar uma infecção no local onde foi tratada a perfuração.

Em nota, a Polícia Federal afirmou: "[Bolsonaro] contava com a escolta de policiais federais quando foi atingido por uma faca durante um ato público na cidade de Juiz de Fora (MG). O agressor foi preso em flagrante e conduzido para a Delegacia da PF naquele município. Foi instaurado inquérito policial para apurar as circunstâncias do fato".

No momento em que foi esfaqueado, Bolsonaro fazia corpo a corpo com eleitores na região do Parque Halfeld. O suspeito de atacar o candidato foi identificado pela PM como Adélio Bispo de Oliveira, de 40 anos. Segundo informações da polícia, após o ataque, ele foi agredido por pessoas que estavam no local.

O advogado de Adélio, Pedro Augusto Lima Possa, disse que seu cliente assumiu a autoria do atentado, e que ele agiu por "motivações religiosas, de cunho político". "Ele não tinha intenção de matar, em momento algum. Era só de lesionar", disse Possa.

Segundo o comandante do 2º Batalhão da PM de Juiz de Fora, tenente-coronel Marco Antônio Rodrigues de Oliveira, o suspeito "alegou que tentou ferir o candidato Jair Bolsonaro por ter divergências de ideias e pensamentos com ele [...] Falou que [foi] uma questão pessoal dele. Depois não manifestou mais nada".

A polícia fez buscas em um imóvel onde Oliveira morou em Montes Claros, cidade a cerca de 800 km de Juiz de Fora, mas não encontrou nada. O agressor é formado em pedagogia, foi filiado ao PSOL entre 2007 e 2014 e tem passagem na polícia em 2013 por lesão corporal.

Teria sido essa facada, uma tentativa da esquerda de tirar Bolsonaro das eleições? Ou teria sido uma tentativa do próprio Bolsonaro de tornar sua campanha mais visível, se tornando assim um mártir?

Não sabemos o que motivou o crime, mas que a facada mudou completamente o rumo das eleições é certo.

Vamos retomar um pouquinho: Juiz de Fora, Minas Gerais, 6 de setembro de 2018. O candidato à Presidência Jair Bolsonaro (PSL) participa de um comício. Ele é carregado nos braços e está cercado por apoiadores. De repente, Adelio Bispo de Oliveira, de 48 anos, dá uma facada em Bolsonaro. O capitão reformado do Exército é levado às pressas para a Santa Casa da cidade, passa por uma cirurgia e mais tarde é transferido para o Hospital Albert Einstein, em São Paulo. A mídia abre espaço para noticiar diariamente o estado de saúde do presidenciável e a comoção gerada pelo atentado o torna mais conhecido pelo eleitorado.

Além do aumento da exposição nos meios de comunicação, a facada em Bolsonaro fez com que ele se tornasse uma vítima e reconstruísse sua imagem pública. Ele passou a ser o cara da família, ser um cara que corria um risco. Esse componente emocional funciona muito bem na transformação, na construção da imagem de alguém que se apresenta como uma possibilidade de salvador do país.

O atentado contra o candidato do PSL ocorreu em um momento em que a tendência era de queda nas pesquisas, uma vez que, segundo o especialista, o presidenciável deixaria cada vez mais exposto as suas falhas durante os debates. Ele já havia tido um desempenho ruim nos dois primeiros debates, ele não tem qualidade para argumentar. Até mesmo nas entrevistas isso ficou claro, ele estava conversando apenas com quem já era o seu eleitorado.

Com a facada, o Bolsonaro sai de cena como se não quisesse sair, ele se coloca como vítima de uma violência. Nesse momento, as pessoas começam a fechar mais o seu voto e o tratar como mito mesmo. E ainda tem o nome do meio ' Messias ' para reforçar essa ideia de salvador.

Tendo sido planejado ou não a campanha soube aproveitar muito bem o momento, justamente dando a ele esse caráter de um herói, que se arrisca, que coloca a vida em jogo por um bem maior, por uma salvação do país.

Capítulo 7.2: O debate

Após a facada, a questão da vitimização foi bastante explorada tanto pelo candidato, quanto pela campanha. Até nas últimas semanas do segundo turno eles resguardaram o Bolsonaro para ele não ir aos debates e isso o favoreceu. Porque por tudo que sabemos do Bolsonaro, o programa de governo dele não existe.

A facada não foi determinante para a eleição de Bolsonaro, no entanto, exerceu uma influência importante. Com certeza, se não houvesse a facada, se houvesse mais debates, a gente não teria um resultado parecido com esse ou com essa construção. Até poderíamos ter uma vitória dele, mas a construção seria muito diferente, não seria essa construção que foi uma tentativa de humanizá-lo.

Quase no final da campanha os médicos de Bolsonaro falaram publicamente que o candidato estava apto para comparecer aos debates, mas mesmo assim não fez. Imagine só, você passar no processo seletivo de um emprego sem fazer entrevista.

Capítulo 7.3: O possível câncer

Durante a campanha, uma grande teoria da conspiração surge: Bolsonaro estaria com câncer? O texto a seguir passou a circular na internet e questionar a facada que atingiu o presidenciável.

"Bolsonaro e o câncer terminal que estaria sendo mantido em sigilo há meses.

[...] Há rumores de que Bolsonaro, na verdade, está com câncer terminal no trato digestivo e não está bem de saúde. Fontes próximas acreditam que ele não tem saúde para terminar um possível mandato. Desde o começo do ano, Jair Bolsonaro dá sinais de que não está bem com a saúde 100% para um paraquedista formado. Não, não me refiro àquelas flexões de cabeça que ele fez. Me refiro aos desmaios, passamentos, passadas de mal. [...]

Eis então que surge nas redes sociais um vídeo de Jair Bolsonaro em um culto. Você deve ter se deparado com ele nos últimos dias. Um pastor clama por curo, ou melhor, milagre, enquanto dois obreiros repousam as mãos sobre o estômago de Bolsonaro. Sim, este vídeo que está circulando e estão associando a um prenúncio da facada e a um possível livramento provavelmente é um pedido de oração para a cura da doença por parte da esposa do candidato que é envangélica. A ida ao culto ocorreu no dia 02 de maio de 2018. [...]

No dia 06 de setembro de 2018, o atentado. A facada que aconteceu justamente no dia em que o candidato que sempre andava de colete a prova de balas, havia esquecido de usar o item de segurança.

Lembremos da camisa forjada com sangue e toda a balela criada pelos dois lados. Temos que pensas na inconveniente conveniência deste ataque.

Não esqueçamos também da saúde mental do autor do atentado nem da coletiva de imprensa marcada para as vésperas do primeiro turno mas que acabou nunca acontecendo porque um deputado aliado de Bolsonaro solicitou a suspensão da entrevista e o pedido foi prontamente atendido pela justiça. Aliás, perceberam que ninguém fala mais disso?

Não acho que o episódio tenha sido uma fantasia, mas não podemos descartar a possibilidade de ter sido usado para cobrir um problema de saúde maior do candidato. E já que estamos falando de conspirações, mas uma curiosidade:

Dona Aparecida, proprietária da pepnsão que Adélio, o autor da facada, se hospedou antes de cometer o crime, morreu 1 semana após ter prestado depoimento a Polícia Federal sobre o caso (2 semanas após o atentado). [...]

Outro fato que gerou enorme repercussão foi a mudança de hospital. Todos se lembram de que uma equipe do Sírio Libanês estava a postos e foi a primeira a chegar em Minas e tinha inclusive uma UTI aérea para leva-lo a SP. Mas houve uma confusão e com a desculpa de que o Sírio era "hospital de esquerda", ele e os filhos fizeram questão de que o ex-capitão fosse para o hospital Albert Einstein. Muito que bem, no Einstein, a cirurgia foi chefiada pelo Dr. Antônio Luiz de Macedo, oncologista, um dos maiores especialistas do país em câncer de intestino. O médio é quem acompanha o candidato desde então. [...]

Isso tudo poder ser mais uma mera teoria da conspiração, mas me parecer conter peças que se encaixam perfeitamente. E se houver algum vestígio de verdade nessa história é obrigação não apenas do candidato, mas também de seu médico de informar o real diagnóstico à nação. "Mentir ou omitir um quadro tão grave num momento tão delicado de nossa história seria um crime contra nossa democracia."

Capítulo 7.4: Trump

O que Bolsonaro e Trump têm em comum? Além de serem péssimos políticos? O mesmo marqueteiro.

Jair Bolsonaro e Donald Trump/Imagem da internet

Guardadas as devidas diferenças, inclusive do ponto de vista programático, a estratégia eleitoral utilizada pela campanha do presidenciável Jair Bolsonaro (PSL) tem remetido a outras eleições que ocorreram nos últimos anos em alguns países, como lembra o cientista político Pedro Otoni. Para ele, a ausência de um aprofundamento da democracia é o que melhor explica a ascensão de candidaturas chamadas "antissistêmicas".

"Isso aconteceu na França, na Espanha, isso acontece na Inglaterra, nos Estados Unidos, na Itália. Um descontentamento com a democracia porque ela não respondeu às demandas da sociedade. Então isso leva a um mal-estar com a democracia no mundo ocidental como um todo. E figuras como o [Donald] Trump, a [Marine] Le Pen (França), pessoas com um discurso extremamente antidemocrático, autoritário, antiimigração, 'nadam de braçada' nessa crise democrática do mundo ocidental".

No caso brasileiro, apesar de adotar um discurso ultraliberal, diferente do programa econômico de Donald Trump, nos Estados Unidos, Bolsonaro vem utilizando de métodos de campanha similares ao utilizado em 2016 nas eleições estadunidenses. "Em primeiro lugar, na dimensão dos instrumentos, do uso das redes sociais, dos instrumentos de comunicação digitais, mas mais do que isso, também há uma exploração bastante organizada da big data, de banco de dados e utilização de robôs. Os dois utilizam muito isso".

A esse respeito, o sociólogo e professor da Universidade Federal do ABC Sérgio Amadeu afirma que não só há semelhanças entre os dois casos, mas uma referência clara dos grupos neofascistas brasileiros com os chamados out rights, ou a "direita alternativa" estadunidense.

"Só pra se ter uma ideia, o script do MBL é muito parecido com o de um especulador norte-americano que era um dos donos da Cambridge Analytica, o Robert Mercer, que financiava grupos que tinham muita semelhança com o que é essa startup do ódio no Brasil, que é o MBL".

Segundo Amadeu, além da forte desinformação que circula nas redes sociais, uma das ferramentas mais perigosas, e que surtiu efeito nas eleições estadunidenses, foi a desconstrução do adversário, algo que já tem ocorrido em relação aos governos petistas no Brasil.

"O que foi decisivo foi a estratégia de neutralizar o que seria o eleitorado que poderia ter derrotado o Trump, votando na Hillary. É preciso tomar muito cuidado com isso. Porque eles vão tentar, no caso brasileiro, usando desinformação, principalmente no Whatsapp, neutralizar o voto dos mais pobres que têm muita gratidão, além de uma memória do que era a vida deles durante o governo Lula. E aí é mais importante o trabalho do fundamentalismo religioso nisso, o que é muito perigoso".

Outra semelhança entre as campanhas de Trump e Bolsonardo destacada por Otoni é o foco no combate às pautas dos Direitos Humanos, alimentado pela desordem social em que o país se viu mergulhado, a partir do golpe de estado de 2016.

"Os direitos humanos são um código já antigo de rejeição da direita. Agora ele ganha um fenômeno de massas porque há uma dimensão real da desorganização da institucionalidade brasileira, dos poderes, do Judiciário, Legislativo e Executivo, desde o golpe. Existe uma desorganização econômica por causa da crise, do desemprego elevado que temos hoje. E essa desordem é sentida por boa parte da sociedade, a classe média, os trabalhadores. E aí, boa parte dessas bases sociais que estão, inclusive de uma maneira justificada, contra essa desordem que foi implantada depois do golpe, clamam por essa ordem, mas de uma maneira bastante simplista, beirando o primitivismo político, que é o que representa o Bolsonaro".

Em agosto deste ano, o filho de Bolsonaro, Eduardo, foi aos EUA se encontrar com Steve Bannon, marqueteiro que ajudou a eleger Trump e atualmente atua como estrategista para candidatos de extrema direita no mundo. Ex-editor do site Breitbart, que tem conexões com movimentos de supremacia branca, Bannon foi anunciado por Eduardo como um "consultor eventual" da campanha de Bolsonaro.

Mesmo sem uma bancada de deputados e senadores que respalde financeiramente sua campanha, outdoors espalhados pelo país, carreatas organizadas, comícios e viagens geraram custos à campanha de Bolsonaro. Segundo o filósofo Paulo Ghiraldelli, os financiadores são pessoas aparentemente anônimas, mas vinculadas com setores econômicos interessados na eleição do capitão.

"A gente não percebe porque não conhecemos as figuras. As figuras que apoiam o Bolsonaro não são figuras públicas, não são políticos nem empresários desses que aparecem na TV. Porque os empresários da mineração, os empresários do meio rural, os empresários das igrejas, porque no fundo, no fundo, essas igrejas caça-níquel não são de pastores, mas de empresários... Esse pessoal está no palanque do Bolsonaro. A indústria das armas, a indústria da mineração e esses pastores desconhecidos estão na campanha, estão no palanque, principalmente quando estão longe dos grandes centros. Em cada lugar que ele [Bolsonaro] vai, estas pessoas estão lá organizando a campanha".

Ghiraldelli alerta ainda que as posições do candidato contra as chamadas minorias políticas não estão totalmente desvinculadas dos interesses econômicos de quem o financia.

"Na verdade, quando ele fala contra indígenas, dizendo que quer que o índio se integre, que acha que não deveria haver mais demarcações de terras indígenas, muitos interpretam como um ataque às minorias. Mas no fundo, isso é secundário. A questão maior é que ele está advogando que as mineradoras entrem nas terras indígenas, e nós sabemos bem o que as mineradoras fazem".

Jair Bolsonaro aparecia em segundo lugar nas pesquisas de intenção de voto para a Presidência da República até a Justiça Eleitoral decidir cassar a candidatura do ex-presidente Luiz Inácio Lula da Silva pelo Partido dos Trabalhadores.

Segundo os números do começo da campanha eleitoral, Lula tinha grandes chances de vencer o pleito ainda no primeiro turno. Após o indeferimento da candidatura de Lula, Bolsonaro aparece em primeiro lugar, e Fernando Haddad (PT) em segundo, indicando que o segundo turno das eleições, no dia 28 de outubro, será definido entre esses dois candidatos.

Capítulo 8: O 1º turno

Mestre Moa foi ferido
Pelas costas, covardia
Logo ele não queria
A beleza da Bahia

Mestre Moa, badauê

Derradeira capoeira
De um artista, de um erê
Triste faca traiçoeira

Mestre Moa tomba morto
Tombam nossos corações
Nossa história sangra junto
Somos mil, somos milhões

Mestre Moa, imolado
Pelas mãos do opressor
Nos discursos entoados
De tortura, de terror

Mestre Moa, redenção
Nós seremos sua voz
Suas pernas, suas mãos
Venceremos seu algoz

Mestre Moa – Caetano Veloso

Romualdo Rosário da Costa, conhecido como Mestre Moa do Katendê, foi um compositor, percussionista, artesão, educador e mestre de capoeira brasileiro.

Considerado um dos maiores mestres de capoeira de Angola da Bahia, começou a praticar capoeira aos oito anos de idade, no terreiro de sua tia, o Ilê Axé Omin Bain.

Foi campeão do Festival da Canção do bloco Ilê Aiyê em 1977. Promoveu o afoxé, fundando em 1978 o Badauê, e em 1995 o Amigos de Katendê. Defendia um processo de "reafricanização" da juventude baiana e do carnaval, seguindo as propostas de Antonio Risério.

Foi assassinado com doze facadas pelas costas após o primeiro turno das eleições gerais de 2018. Segundo testemunhas e a investigação policial, o ataque foi motivado por discussões políticas, após Romualdo declarar ter votado em Fernando Haddad. O agressor, apoiador do candidato adversário Jair Bolsonaro, teria discutido com o capoeirista e deixado a cena, voltando logo em seguida com o facão com o qual teria desfilado ao menos 12 facadas na vítima. Romualdo não resistiu e morreu no local.

Mestre Moa (Salvador, 29 de outubro de 1954 — Salvador, 8 de outubro de 2018)

Mestre Moa/Imagem da internet

Capítulo 8.1: Direita e Esquerda

O primeiro turno da eleição presidencial no Brasil em 2018 ocorreu em 7 de outubro para eleger o presidente e o vice-presidente da República. Como nenhum candidato obteve mais de 50 por cento dos votos válidos, a eleição foi para o segundo turno em 28 de outubro, o qual foi disputado entre Fernando Haddad (PT) e Jair Bolsonaro (PSL).

Após o primeiro turno a disputa entre os eleitores se torna uma disputa pessoal. Estamos completamente divididos, não sabemos quem é quem.

Tentei postergar ao máximo, mas agora me vejo na obrigação de definir aqui o que significam as ideologias Direita e Esquerda.

De uma forma bem generalizada, podemos dizer que a esquerda tem princípios revolucionários, enquanto a direita é mais conservadora. Mas esses termos têm uma história: os termos "direita" e "esquerda" surgiram como designações políticas nas assembleias francesas do século XVIII, durante o segundo período da Revolução Francesa (1789-1799).

De forma bem resumida, só para minimamente explicar a origem dos termos, na assembleia para criação da nova Constituição, os partidários do rei não queriam ficar do lado esquerdo, perto dos pobres e favoráveis à revolução. Optaram, assim, por sentar do lado direito. Desde então, a esquerda ficou associada à ideia de luta pelos direitos do povo e dos trabalhadores enquanto a direita ficou associada aos mais tradicionais e conservadores que querem manter o poder da elite.

As principais diferenças entre a esquerda e a direita baseiam-se no que cada uma dessas ideologias defende. Enquanto a esquerda defende os direitos dos trabalhadores e das minorias, o bem-estar coletivo e a igualdade entre os indivíduos, a direita é a favor de uma visão mais tradicional e conservadora que defende o poder da elite e o bem-estar individual. Os indivíduos que defendem o governo em vigor, por exemplo, são considerados "de direita", e os que se opõem ao regime, são considerados "de esquerda". Mas não é bem assim que acontece no Brasil.

O marco da divisão de ideologias no Brasil foi durante a ditadura militar. Nesse período, aqueles que apoiaram o golpe dos militares foram considerados "direitistas" ou "de direita", pois eram a favor do regime vigente. Os que se opuseram ao regime foram considerados "esquerdistas" ou "de esquerda". No Brasil também se confunde muito a ideia de que a esquerda é obrigatoriamente comunista, o que não é verdade, você pode apenas defender o direito do povo sem ser comunista, contudo, todo comunista é de esquerda.

Capítulo 8.2: Fascismo

A última vez em que as pessoas realmente se preocuparam com o fascismo foi durante a Segunda Guerra Mundial. Naquela época, dizia-se ser imperativo que todos lutassem contra este mal. Os governos fascistas foram derrotados pelos aliados, mas a filosofia de governo que o fascismo representa não foi derrotada. Imediatamente após aquela guerra mundial, outra guerra começou. Esta agora chamada de Guerra Fria, a qual opôs o capitalismo ao comunismo.

Marcando de forma trágica o século XX, o fascismo é um tema que desafia os intelectuais que buscam entender sua natureza e história. De forma geral, pode-se dizer que o fascismo é uma conduta política extremamente autoritária, marcada pelo nacionalismo, pela militarização dos conflitos e por uma preocupação obsessiva com a ideia de decadência de uma comunidade ou nação. Hostil às formas modernas de democracia, o fascismo recorre a violência, criando um inimigo – interno e/ou externo – que deve ser exterminado para garantir a segurança e supremacia de um grupo considerado superior. Apesar de manifestar algumas variações – a depender da época e do lugar onde aparece – o fascismo apresenta algumas características típicas que se repetem.

O pensamento fascista costuma emergir e ganhar força em contextos de crise – econômica, social ou política –, quando se apresenta como solução radical. Mobilizando os sentimentos legítimos de sofrimento ou injustiça, o fascismo impulsiona e enfatiza a ideia de que o grupo que defende é a grande vítima de uma situação a ser revertida. Como toda vítima tem um algoz, o fascismo aponta um inimigo que deve ser exterminado. No caso do nazismo – forma histórica mais conhecida do fascismo – a vítima eram os alemães brancos e a lista de inimigos era longa, incluindo comunistas, negros, homossexuais, ciganos e judeus. Apelando mais aos fatores emocionais que a argumentação racional, o fascismo encarna uma missão de regeneração nacional que se expressa na figura de um líder extremamente carismático responsável por salvar a nação.

No campo político institucional, o fascismo se caracteriza por um Estado forte, exercendo controle de todas as áreas sociais, e pela presença de um único partido. As decisões são tomadas de forma autoritária e hierárquica, do líder supremo até os seus subordinados. O aparato repressivo costuma contar uma polícia truculenta e bem estruturada, responsável por conter opiniões e grupos divergentes. Na esfera civil, a violência também é motivada através da organização de milícias compostas, sobretudo, pela juventude que adere ao fascismo. Exaltando a juventude e a virilidade, a estética é extremamente importante nos regimes fascistas. Propagandas, rituais e símbolos atuam mais do que os argumentos na missão de reforçar as ideias fascistas e convocar a população à participação ativa.

No espectro político, o fascismo normalmente é localizado como parte da extrema-direita. Entretanto, não é só ao socialismo que ele se opõem. Sua rejeição ao liberalismo é imensa, principalmente no que diz respeito a centralidade do indivíduo. Para o fascismo, os interesses das massas e da nação sempre se sobrepõem aos interesses individuais. Tal ética define que o indivíduo deve ser valorizado quando está a serviço da defesa patriótica. O etnocentrismo – ideia da superioridade de um grupo sobre o outro – é um traço fundamental do fascismo. A regra é a discriminação e a perseguição de todos que não forem considerados como parte da comunidade. Membros de outras raças, etnias e nacionalidades – ou mesmo aqueles que só discordem do fascismo – devem ser combatidos como uma ameaça a integridade da nação. Do ponto de vista da política externa, o fascismo tende a ser extremamente imperialista.

O nazismo alemão é normalmente o episódio mais lembrado quando se fala em fascismo. Os regimes de Mussolini na Itália e de Franco na Espanha também foram marcantes. O Brasil teve sua própria teoria nacionalista de inspiração fascista, que recebeu o nome de Integralismo. No entanto, para defender a democracia é essencial compreender a experiência histórica do fascismo para além de seus casos mais óbvios. Longe de ser um pensamento política completamente superada, os princípios e sentimentos que sustentam o fascismo são recorrentemente despertados em tempos de crise. (PAXTON, 2007)

Capítulo 8.3: Brasil Ensina

Imagem da internet

Na imagem acima uma usuária do twitter diz que o Brasil já deu aula de cristianismo para o Papa, de nazismo para a Alemanha e agora tá ensinando economia para a The Economist. Na verdade ela se refere a uma onda de manifestações por parte de eleitores do Bolsonaro, em que eles tentaram fazer exatamente isso.

O primeiro alvo foi o Papa Francisco. Após o Papa, no dia 26 de Setembro publicar em sua conta no twitter a seguinte frase: "Rezemos para que no mundo prevaleçam os programas de desenvolvimento e não aqueles para os armamentos." Em um ataque esquizofrênico, eleitores atacaram o Papa. Um usuário respondeu ao tweet "Fala da Venezuela, Papa"; outro comenta "Cara, até o Papa é comunista agora? Vão se tratar"; outro usuário diz "Papa petralha, esquerdopata", uma usuária lamenta "Sua santidade, que decepcionante". E a seguir uma coletânea dos melhores tweets sobre o assunto.

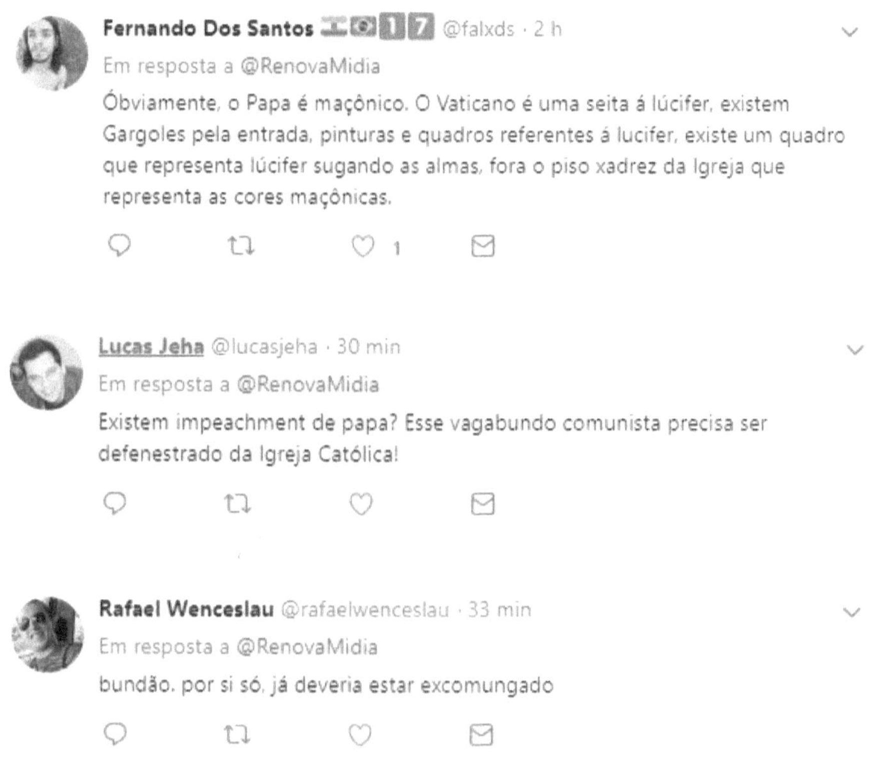

Talvez, você, leitor, não entenda o sentido de lincar aqui opiniões de pessoas comuns, não politizadas, em suas contas pessoais. Contudo, para entendermos a história é essencial que entendamos quem foram as pessoas que fizeram essa história, e esses tweets, infelizmente, contemplam grande parte da população e ignorar as manifestações populares seria ignorar a história. Porque é preciso, vermos, que não se tratavam de pessoas da elite, não se tratavam de grandes líderes fascistas, aqueles que defendiam a Intervenção Militar, eram pessoas como a minha mãe, como meu pai, como sua avó, como sua tia chata.

A segunda aula do Brasil, foi quando a Embaixada da Alemanha explicou o nazismo e foi contestada por brasileiros. O governo havia publicado um vídeo contra extremismo de direita após episódio de xenofobia envolvendo neonazistas em Chemnitz.

Um vídeo publicado pela Embaixada da Alemanha no Brasil contra o extremismo de direita provocou forte reação nas redes sociais. Na publicação, a embaixada fala da importância de não esquecer os crimes do nazismo entre 1933 e 1945, período em que o Holocausto levou à morte de cerca de 6 milhões de judeus e de 5 milhões de pessoas de outros grupos. Alguns brasileiros, no entanto, questionaram a publicação alemã, negando que tenha existido o Holocausto ou dizendo que o Terceiro Reich era um regime de esquerda, e não de extrema direita.

E por último, o brasileiro resolveu passar mais uma vergonha. A revista britânica The Economist estampou em sua capa no dia 20 de Setembro uma imagem de Jair Bolsonaro, ao lado da manchete: "A mais recente ameaça da América Latina". Não é a primeira vez que a publicação critica o candidato do PSL à Presidência do Brasil, mas nunca o tinha feito com tanto destaque.

A revista é uma referência do pensamento liberal, ou seja, de direita, em todo o mundo, e nessa capa estampada com o rosto de Jair Bolsonaro acompanhada da frase "A mais recente ameaça da América Latina", causou êxtase na direita brasileira, chamando a revista até mesmo de comunista.

Capítulo 9: Fascismo versus Comunismo

Dentro de todo esse roteiro impressionante, além do ódio, algo permeava e contagiava a todos: o medo. Para alguns o medo do fascismo. Para outros o medo do comunismo. Mas de onde viria esse medo?

Vimos a definição de Fascimo, e era exatamente o comportamento do candidato Jair Bolsonaro, então grande parte da população temia viver uma ditadura fascista no Brasil. Mas e o medo do comunismo?

Como também vimos, o fascismo justamente cria um inimigo, e novamente o inimigo era justamente o comunismo, e todos aqueles deprovidos de informação acreditavam que esse era de fato o maior inimigo brasileiro, e associavam o comunismo diretamente ao PT, contudo o mais curioso, é porque esse medo agora, se em 14 anos de governo o PT nunca de fato chegou sequer perto do comunismo?

Acredito que grande parte disso é porque o brasileiro aceita a caridade, mas não a justiça social. A caridade massageia o ego, enquanto a justiça social iguala a todos, e as pessoas preferem olhar de baixo pra cima.

Após o primeiro turno, algo mudou. Algumas pessoas de fato só temia o comunismo pela falta de informação e pela influência da mídia, principalmente digital, onde foi maior parte da campanha de Jair Bolsonaro. Contudo, para alguns grupos, homofóbicos, racistas, xenofóbicos, intolerantes religiosos, o discurso de Bolsonaro deu o aval que eles precisavam para agredir as pessoas por condições diferentes das suas. E aí uma onda de agressões se torna intensa, e o medo em quem fazia parte desses grupos é algo terrível que assombrou, mas ao mesmo tempo criou-se um movimento forte de oposição e resistência.

Capítulo 9.1: A Bandeira

Bandeira "Direito UFF Antifascista" estava na faculdade de Direito da Universidade Federal Fluminense (UFF) Foto: Reprodução

A juíza Maria Aparecida da Costa Bastos, da 199ª Zona Eleitoral (Niterói) do TRE-RJ, determinou no dia 25 de outubro a retirada imediata de uma faixa com os dizeres "UFF Antifascista" na fachada do prédio do curso de Direito da universidade. Na sua decisão, a juíza diz que a mensagem seria propaganda negativa contra Jair Bolsonaro (PSL). Os alunos acataram a decisão, mas resolveram, em assembleia, colocar uma nova faixa com a palavra "censura" no lugar, além de panos pretos pelo campus. Nesta sexta, às 16h, representantes de diversas universidades do Rio vão realizar um ato em frente ao TRE-RJ.

Caso a faixa original não fosse retirada, o diretor da faculdade, Wilson Madeira, seria responsabilizado criminalmente, segundo a notificação. Para ele, foi oficializado pela jurisprudência brasileira que a palavra fascista designa Jair Bolsonaro. Ele fará um ofício ao TRE-RJ o cumprimento da decisão.

Faixa com a palavra "Censurado" é colocada no prédio de Direito da UFF, após justiça determinar retirada de faixa "UFF Antifascista" Foto: Divulgação/Centro Acadêmico Edilson Veiga

— Convoquei uma reunião com toda comunidade para deliberamos sobre os próximos rumos. Estudar e trabalhar direito significa garantir a constituição, como a luta por igualdade, livre manifestação, contra racismo, homofobia. Isso não deveria ameaçar uma candidatura. Agora se oficializou pela jurisprudência brasileira que palavra fascista designa Bolsonaro — explicou Madeira, que tentou entrar com uma ação de abuso de autoridade contra a juiza, mas não foi corroborado pela procuradora da UFF.

A faixa "UFF Antifascista" foi colocada no prédio no dia 22 de outubro à noite. No dia seguinte, porém, fiscais do TRE estiveram no local, entraram em salas interrompendo aulas, apreenderam adesivos na sala do Centro Acadêmico e exigiram a retirada da faixa. Alunos e Wilson Madeira foram, então, ao TRE para ter acesso às decisão judicial, no que foi respondido no local, segundo os presentes, que havia apenas um mandado verbal.

A faixa foi recolocada na mesma noite, e membros da faculdade voltaram ao TRE na quarta, também em vão. Horas depois, foi realizado um ato em frente ao campus com cerca de 400 pessoas. Somente nesta quinta houve o comunicado da decisão judicial, com a data retroativa de 23 de Setembro.

Segundo os alunos, antes do evento em que a faixa foi colocada pela primeira vez, a ouvidoria da UFF recebeu um e-mail, com cópia para um e-mail do PSL e outro de Jair Bolsonaro, reclamando da suposta caracterização partidária e eleitoral do ato. O e-mail foi assinado por um ex aluno Alexander Siqueira. Os alunos acreditam que ele foi o responsável pela denuncia formal à justiça eleitoral.

A faixa levava as cores laranja e preta, as mesmas da atlética do curso de direito da UFF, e seria utilizada como material em jogos universitários. Na competição no primeiro semestre desse ano, houve denúncia de casos de racismo entre torcidas, o que motivou a criação de movimentos anti fascistas entre os atletas e torcedores.

Durante a assembleia nesta quinta, que contou com cerca de 80 pessoas, os alunos afirmavam que o sentimento geral é de medo e censura.

— Consigo nem falar direito, mas quando vi os fiscais do TRE ali no dia, todo mundo assustado, olhando um para o outro, o sentimento era de pavor. Sem saber o que vai acontecer no futuro. A PM armada dentro da faculdade, um absurdo. Mas também cresce sentimento de resistência, que não podemos parar. Será a gente pela gente — afirmou Gabriela Sobrosa, vice presidente da Atlética e aluna do sétimo período.

O aluno Lucca Coutinho, membro do Centro Acadêmico, também relatou sentimento de medo.

— Se aqui dentro não nos sentimos seguros, imagina lá fora. No ato levamos até ovada de moradores do prédio - afirma o jovem, que também fala sobre a polarização dentro da faculdade. — O curso tinha gente de direita, mas não fascista. Hoje tem alguns, mas poucos.

O vereador Paulo Eduardo Gomes (PSOL) esteve na assembleia. Ele afirmou que vai prestar apoio aos alunos e ao diretor, Wilson Madeira.

— Acho que o nosso papel nesse momento é transmitir segurança à população; estamos num momento que provavelmente o país vai sair racahdo. Se Bolsonaro perder, vão reagir, acusar de fraude. Minha interpretação é que aquele discurso do Bolsonaro transmitido na Av Paulista, no domingo, extremamente agressivo, alertou muita gente sobre o perigo de vitória dele.

A juiza Maria Aparecida citou, na decisão, que houve 12 denúncias por propaganda irregular no campus, e que os fiscais teriam encontrado panfletos, adesivos e cartazes, no Centro Acadêmico, com mensagens a favor de Haddad e que associariam Bolsonaro ao ódio e fascismo. Ademais, diz que o reitor da UFF, Sidney Mello, teria confirmado ao TRE no dia 17 de outubro a existência de propagandas políticas na UFF, mas que ele não poderia impedi-las.

Na sua decisão, Maria Aparecida cita "uma faixa com os dizeres UFF Antifascista, que possuiria conteúdo de propaganda eleitoral negativa contra o candidato à Presidência da República Jair Bolsonaro", e depois que "distopia simulada nas propagandas negativas contra Jair Bolsonaro" dentro da faculdade permite o reconhecimento de caráter político-eleitoral na faixa, o que pode incitar comportamento violento num contexto polarizado.

O diretor da Faculdade de Direito da UFF, Wilson Madeira, afirma que os fiscais do TRE-RJ, após retirarem a faixa na terça, entraram nas salas de aula questionando professores sobre conteúdo das aulas. Madeira e outros representantes da faculdades foram ao TRE na terça, quarta, quinta, a fim de terem acesso à decisão da justiça eleitoral, mas não houve retorno. Apenas nesta quinta, foi publicada a decisão da juíza.

— Quando fui lá na terça, eu perguntei quem era o candidato que se autointitulava fascista, que campanha que estava sendo feita na faculdade. Me disseram que o mandado era verbal. No dia seguinte, quando estudantes se reuniram em um ato, eu os orientei a irem para a rua, para não ser caracterizada propaganda dentro da faculdade. Nossa instituição é apartidária, mas luta pela democracia e pela autonomia universitária — afirmou Madeira, que disse que ainda iria se reunir com professores e o reitor, para saber qual decisão tomar.

Especialistas em direito ouvidos pelo GLOBO criticaram a decisão. Segundo eles, a interpretação da mensagem exibida na faixa como propaganda eleitoral é descabida e a decisão judicial ameaça a liberdade de expressão no ambiente universitário.

— O Tribunal Superior Eleitoral decidiu que seria propaganda aquilo que tivesse pedido explícito de voto. Não se pode presumir que há pedido de voto se não está explícito. Na minha perspectiva, a decisão viola a liberdade de expressão — analisa Marilda Silveira, professora do Instituto de Direito Público (IDP - São Paulo).

Para o advogado e professor de Direito Eleitoral do Instituto Brasiliense de Direito Público, Daniel Falcão, a bandeira pendurada na fachada da UFF não configura propaganda eleitoral e a decisão da magistrada é equivocada.

— Se a faixa fosse "UFF contra Bolsonaro", ou "UFF contra o PSL" eu concordaria com a decisão .

Capítulo 9.2: O caixa 2

A Folha de S.Paulo revelou no dia 18 de outubro que empresários têm bancado a compra de distribuição de mensagens em massa contra o

PT por Whatsapp. Caso revelado pela Folha é "caixa 2 duplamente qualificado", diz advogado

O PT entrou com um pedido para que a Polícia Federal investigue a suspeita de práticas ilícitas no uso de redes sociais por parte da campanha do candidato do PSL à Presidência, Jair Bolsonaro, incluindo denúncia de que empresas estariam pagando pelo envio de mensagens em defesa do candidato.

O jornal Folha de S. Paulo revela que empresários têm bancado a compra de distribuição de mensagens contra o PT por Whatsapp, em uma prática que se chama pacote de disparos em massa de mensagens, e estariam preparando uma operação para a semana antes do segundo turno.

Segundo o jornal, cada pacote de disparos em massa custaria cerca de 12 milhões de reais, para o envio de centenas de milhões de mensagens. Ao menos quatro empresas podem ter usado essa prática, segundo o jornal.

A prática pode ser considerada doação de empresas por meio de serviços, o que é proibido pela legislação eleitoral, e não declarada, o que configura caixa 2.

Em entrevista à rádio Tupi, o candidato do PT à Presidência, Fernando Haddad, afirmou que a campanha de Bolsonaro "criou uma verdadeira organização criminosa com empresários que, mediante caixa 2, dinheiro sujo, estão patrocinando mensagens mentirosas no Whatsapp".

"Nós vamos pedir providências para a Justiça Eleitoral e para a Polícia Federal para que esses empresários corruptos sejam imediatamente presos para parar com essas mensagens de WhatsApp. Já tem nome de empresário, já tem nome de empresa, já tem contrato, o valor pago mediante caixa 2, o que é crime eleitoral", disse Haddad.

"Nós vamos para a Justiça eleitoral impedir o deputado Bolsonaro de violentamente agredir a democracia como ele fez a vida inteira, nunca respeitou a democracia e não está respeitando nesse momento. Fazer conluio com dinheiro para violar a vontade popular é crime."

No pedido feito à PF na quarta-feira, o PT solicita a investigação em relação à utilização deliberada de notícias sabidamente falsas (as fake news), doação não declarada de verbas do exterior, propaganda eleitoral paga na internet e, por fim, a utilização indevida do WhatsApp. O pedido, no entanto, foi feito antes da revelação da Folha de S. Paulo. Agora, de acordo com a campanha petista, deve incluir a reportagem.

"Os métodos criminosos do deputado Jair Bolsonaro são intoleráveis na democracia. As instituições brasileiras têm a obrigação de agir em defesa da lisura do processo eleitoral", disse o partido, em nota, nesta quinta-feira. "O PT levará essas graves denúncias a todas as instâncias no Brasil e no mundo. Mais do que o resultado das eleições, o que está em jogo é a sobrevivência do processo democrático."

De acordo com o advogado Guilherme Salles Gonçalves, especialista em Direito Eleitoral e membro fundador da Academia Brasileira de Direito Eleitoral e Político, a prática revelada pelo jornal pode ser enquadrada como um caso clássico de caixa 2 eleitoral, com agravantes e poderia levar à cassação da chapa de Bolsonaro.

"É um caso clássico de caixa 2 duplamente qualificado. Primeiro é um caso de gasto a favor da candidatura vindo fora do orçamento da campanha. Depois, é feito por fonte vedada. A decisão do Supremo Tribunal Federal proibiu doação de empresa a partidos e candidatos em qualquer momento, sobretudo em campanha eleitoral", explicou. "A punição não tem gradação. Ou cassa ou não pune."

Mesmo que as doações fossem feitas como pessoa física, o advogado explica ainda que a doação de serviços só pode ser realizada por algo que a própria pessoa possa oferecer -seus serviços ou de sua própria empresa. A compra de serviço de terceiros é vedada. Além disso, explica, mesmo que Bolsonaro alega desconhecimento dos fatos, a responsabilização é objetiva e mede a influência que a ação pode ter no resultado da eleição.

O advogado acrescenta ainda que o Whatsapp se enquadra nas regras de uso das redes sociais. Ou seja, eleitores não podem pagar por impulsionamento e nem fazer propaganda disfarçada de um candidato.

"Avaliando bem tecnicamente, de fato essa circunstância coloca em risco a eleição do candidato. É um caldo perfeito para gerar problema", afirmou.

A campanha de Bolsonaro não se manifestou de imediato, mas um dos filhos do presidenciável disse em mensagem no Twitter que o jornal e o PT contam meias-verdades ou mentiras descontextualizadas. "Vão perder a boquinha que o partido mais corrupto do Brasil bancou ao longo de seu tempo no poder!", escreveu o vereador Carlos Bolsonaro.

Bolsonaro liderava as intenções de votos para o segundo turno da disputa presidencial com 59 por cento dos votos válidos, de acordo com a mais recente pesquisa Ibope, enquanto Haddad aparecia com 41 por cento.

Nas redes sociais, ao contrário de indignação, eleitores do Bolsonaro o apoiavam e publicaram fotos dentro de caixas escrito 2, e utilizavam a hashtag #souocaixa2dobolsonaro.

Capítulo 10: Palhaço, General, Princípe e Ator pornô

A galeria de eleitos para integrar a bancada paulista na Câmara dos Deputados tem palhaço, general, princípe e ator pornô. Os novos deputados assumem em fevereiro para mandatos de quatro anos.

Num discurso em dezembro de 2017, o comediante Tiririca (PR) avisou que não tentaria a reeleição, se dizendo "decepcionado com a política", mas recuou da decisão e conseguiu se manter no Legislativo. Tiririca teve votos de sobra para se reeleger (445 mil), o quinto mais votado, mas bem menos do que obteve em 2014 (1 milhão). Nas últimas eleições a votação foi suficiente para carregar para a Câmara outros candidatos, de desempenho pior, o que inspirou o que se chama hoje de "efeito Tiririca".

O ator de filmes pornográficos Alexandre Frota (PSL), surfou na onda de Jair Bolsonaro, também de seu partido, e se elegeu com 152 mil votos. Frota é conhecido por se envolver em polêmicas. Em 2015, foi acusado de fazer apologia ao estupro num programa de televisão (Agora É Tarde) onde afirmou ter tido relações sexuais com uma mulher desacordada. Depois que fez cenas com a ex-chacrete Rita Cadilac, afirmou ter sido como "transar com a avó".

Num vídeo, em tom descontraído, Bolsonaro chegou a sugerir Frota para ministro da Cultura em seu eventual governo. Com a repercussão da declaração, ele explicou que isso não acontecerá, até porque pretende extinguir a pasta.

Cogitado para vice na chapa do PSL, Luiz Philippe de Orleans e Bragança, descendente da família real brasileira, acabou não emplacando na vaga, mas concorreu a uma cadeira na Câmara e teve sucesso, com 116 mil votos. Conhecido como "princípe", ele é trineto da Princesa Isabel, tetraneto de Dom Pedro II e hexaneto de Dom João XI.

Outro eleito, também do partido de Bolsonaro, o general Sebastião Peternelli também vai integrar a bancada paulista, teve 73 mil votos.

Indicado para presidir a Funai (Fundação Nacional do Índio), ele acabou sendo desconvidado após protestos de movimentos indígenas.

Em uma página na internet, em março de 2016, homenageou o golpe militar de 1964: "52 anos em que o Brasil foi livre do maldito comunismo. Viva nossos bravos militares! O Brasil nunca vai ser comunista", diz a postagem, compartilhada por 750 internautas.

Mas segundo o sudeste, nordestino que não sabe votar.

Capítulo 11: A Suruba

Imagem da internet

Um vídeo, no qual uma legenda contém a suposta data de 11 de outubro deste ano, pouco após o fim do primeiro turno, foi divulgado pelo WhatsApp e foi compartilhado em outras redes. O vídeo se trata de o candidato a governador pela estado de São Paulo fazendo sexo com cinco mulheres. Não se sabe de onde surgiu e Doria afirma que se trata de uma montagem.

Pelo Twitter, em vídeo gravado ao lado da mulher, Doria condenou a divulgação do que chamou de 'produção grotesca' e prometeu medidas judiciais após perícia.

"Hoje eu vi um vídeo vergonhoso nas redes sociais, que foi produzido por alguém que só quer o meu mal e o mal da minha família. Uma produção grotesca. Fake news. Pedi a um perito criminal que verificasse essas imagens. Pedi também medidas judiciais e criminais contra os autores desse vídeo. Lamento muito que a campanha em São

Paulo tenha chegado a esse nível de ferir a nossa família", disse o ex-
prefeito de São Paulo.

Longe de mim ser moralista, a grande questão aqui é: não sou eu que
defendo a família tradicional brasileira, e João Dória é casado, então
além de estar traindo sua esposa, indo então contra a família, Dória está
transando com cinco mulheres, o que não é nada tradicional.
Apesar disso, Dória foi eleito no segundo turno em uma disputa
acirrada com o Márcio França. O que me surpreende não é o povo do
Estado de São Paulo ter eleito Dória após o vazamento do vídeo, mas
sim ter eleito como governador o prefeito que criou ração para os
pobres e marcou marcar a mão das crianças nas escolas para não repetir
a merenda.

"Se você fosse sincero
Ô ô ô ô, João Doria
Se levasse o povo a sério
Ô ô ô ô, João Doria

Pra empresário fica a grana
Ô ô ô ô, João Doria
Pro povo ração humana
Ô ô ô ô, João Doria

Ele pisou na bola com o PSDB
Com Geraldo Alckimin e também com você
Caiu do cavalo
Escorreu pelo ralo
No seu dia de glória

Se você fosse sincero
Ô ô ô ô, João Doria
Se levasse o povo a sério
Ô ô ô ô, João Doria
Pra empresário fica a grana

Ô ô ô ô, João Doria
Pro povo ração humana
Ô ô ô ô, João Doria

Não precisa de grana, do salário abriu mão
Mas por que será que não dispensa o avião?
Quem que deu calote no IPTU da mansão?
Ô ô ô ô, João Doria

Se você fosse sincero
Ô ô ô ô, João Doria
Se levasse o povo a sério
Ô ô ô ô, João Doria

Pra empresário fica a grana
Ô ô ô ô, João Doria
Pro povo ração humana
Ô ô ô ô, João Doria

Seu negócio é fama e paparicar empresário
Além de pagar mico faz o povo de otário
Quem que destruiu a maior cidade do Brasil?
Ô ô ô ô, João Doria"

Autoria desconhecida

Capítulo 12: Vira Voto

Depois de uma campanha marcada por desavenças, eleitores de Haddad se reúnem para conversar com indecisos.

Uma placa, uma mesa, bolo e café. As gritarias das redes sociais cederam espaço ao diálogo nas ruas das principais capitais do país nos últimos dias. Começou com um casal de amigos, em uma praça na Zona Sul do Rio de Janeiro. Eles abriram uma mesa, com comida e café, e convidaram: "Se você vai votar nulo ou branco, vem tomar um café com a gente!". Queriam informar, vencer a desinformação das notícias falsas usadas com tanta força nessas eleições. Queriam alertar sobre a truculência de Jair Bolsonaro – e transformar os votos nulos em 13.

A ideia viralizou até inspirar famosos. No Rio de Janeiro, as atrizes Luisa Arraes e Leticia Collin também abriram uma mesa, com pães e bebidas, e convidaram as pessoas ao diálogo. "Ainda na dúvida? Vamos conversar". "Pela vida, pelo amor, pelas minorias, que são gigantes. Conversando a gente discorda, dá risada, come bolo, conta coisas que o outro não sabia. Aqui é a favor do amor", escreveu Leticia em seu Instagram.

No Largo do Machado, Zona Sul carioca, Letícia Sabatella, Mariana Lima, Patrícia Pilar, Maria Flor, Paulo Betti e Enrique Diaz caminhavam com um cartaz no peito, com a mesma proposta de Letícia e Luisa.

Em São Paulo, Leandra Leal e Marina Person repetiram a atitude dos colegas do Rio de Janeiro. Na Praça da República, no centro da capital paulista, com o mesmo cartaz nas mãos, esperavam para trocar ideia com eleitores indecisos. Não estão sós. Em várias saídas de metrô e em praças, pessoas anônimas voluntariamente se dispuseram a conversar com os eleitores. Com escuta e diálogo.

A motivação vem de duas informações:o uso excessivo de Whatsapp para espalhar notícias falsas (principalmente sobre o "kit gay") e a última pesquisa Datafolha. Jair Bolsonaro (PSL) caiu três pontos no total de votos válidos, com 56% das intenções de votos, contra 44% de Fernando Haddad (PT). E a soma entre eleitores indecisos ou que declararam voto nulo ou branco chegou a 14%.

Não querem apenas derrotar um candidato. Querem derrotar um discurso de ódio e violência. Mostrar aos eleitores que a intolerância se dá em cada fala de Bolsonaro – quando diz que acabará com o ativismo, ou acusa de "coitadismo" as lutas de negros, nordestinos e mulheres, ou avisa aos seus opositores que ou eles se adequam ou saem do país ou acabam presos (algo bem próximo do slogan "Brasil, ame-o ou deixe-o", usado nos tempos de ditadura militar). Ou quando enaltece o torturador Carlos Alberto Brilhante Ustra.

Guilherme Boulos (PSOL), logo após o fim do primeiro turno, pediu durante manifestação na Avenida Paulista, em São Paulo: "precisamos conversar com todos. Nem todo eleitor do Bolsonaro é fascista, racista, machista e homofóbico. Dialoguem". Era um pedido para ajudar a derrubar a máscara do militar, escondida atrás dos gritos das redes sociais enlouquecidas com tantas mentiras: Haddad escreveu livro a favor do incesto; Haddad jogou Bíblia no lixo; Haddad quer "sexualizar crianças".
Nos últimos dias, após comícios e atos por várias capitais, Fernando Haddad também pediu o diálogo. E as pessoas parecem ter escutado. Elas se espalham pelas ruas do país para desmentir boatos e apresentar as propostas do petista. E tem conseguido. Não faltam relatos emocionados de pais que decidiram, não sem dor, apertar o 13 amanhã.

Da avó que convenceu as colegas de hidroginástica a votarem em Haddad. Da moça do café que ainda não havia decidido o voto – e que optou pelo PT. Dos antipetistas ferrenhos que se veem obrigados a dar seu voto a Haddad para evitar um governo com propostas simplistas – ou sem propostas, cuja única solução sempre cai na frase "vamos acabar com isso". Como? Nem Bolsonaro sabe, caso contrário teria topado expor suas ideias nos debates.

Na tarde de hoje, novas manifestações devem tomar as ruas das cidades. E novas pessoas devem se juntar às rodas para virar voto, no mesmo clima de Paulo Betti que, enquanto panfletava nos metrôs cariocas, na quinta-feira 25, prometeu só sair das ruas no domingo. Com a esperança de convencer os eleitores de que, dessa vez, o amor (pela vida e pela democracia) precisa ser maior do que o ódio ao PT.

Capítulo 13: O Juízo Final

Santos, 28 de Outubro de 2018

...

Brasil, 28 de Outubro de 1964

...

Seria insensível comigo mesma apenas descrever de forma imparcial o que aconteceu no segundo turno das eleições de 2018. Dia 28 de Outubro de 2018 é um dia que ficará na história, na minha, do Brasil, da população brasileira, da direita, da esquerda

...

Imagem da internet

Reservo-me o direito de ilustrar minha experiência pessoal nesse dia. Escrevo um dia depois, 29 de Outubro, após um dia intenso, com tantos sentimentos tão diferentes.

Acordo por volta das 10:00h, no apartamento que vivo em Santos com minha companheira, nossos três gatos e nossa cachorra. Nesse dia em questão meu primo de 9 anos estava em casa, pois havia passado o final de semana conosco. Acordo com uma dor de cabeça insuportável, garganta fechada, um nó no estômago, tudo isso sem muita explicação. Havíamos saído ontem, mas chegamos em casa por volta da meia-noite, eu não havia bebido nada alcoólico, não estava me sentindo mal nos últimos dias, mas acordei assim. Minha companheira já havia acordado e meu primo também. Ao ouvir o barulho do banheiro minha companheira vem até o quarto, onde eu já estava deitada normalmente, me dá bom dia e me fala para levantar para tomarmos café. Digo que não levantarei, pois não estou bem, que não sei explicar o que estou sentindo, e quero apenas ficar na cama. Estranhamente, minha companheira é fria, distante, pergunta o que vamos fazer com meu primo, já que ela iria trabalhar e eu me recusava a levantar, eu me ponho a chorar, temos uma pequena discussão sem sentido, mas logo nos abraçamos como se soubéssemos o que estava acontecendo ali, mas não sabíamos e ficamos bem. Ela dá o café da manhã para o meu primo e traz o meu na cama, diz que vai levá-lo embora para caso precise me levar ao médico. Volto a dormir, acordo por volta das 13:00h com minha companheira me chamando para almoçar. Levanto, almoçamos, poucas palavras. Pergunto se ela irá trabalhar, ela diz que não está muito bem, que acha que está com rinite alérgica e   que como eu também não estou bem, pensou em ficar em casa a tarde e trabalhar a noite.

Deitamos no sofá e começamos a assistir uma série nova, se trata de uma série espanhola chamada Elite, série que nos faz refletir sobre tantas questões que estamos vivendo hoje em nosso país, a desigualdade social, o preconceito, o fascismo. Mas conversamos pouco entre nós. Após assistir cerca de três episódios, levanto e falo apenas que vou me deitar na cama, e assim o faço. Minha companheira me segue, pergunta o que está acontecendo, e eu não sei dizer, só sei que algo tomava conta de mim. Ela se deita ao meu lado, nos abraçamos como se tivéssemos acabado de fazer as pazes após a maior briga de todo o relacionamento, e adormecemos.

Horas depois acordamos com barulhos de fogos, tiros e buzinas, um barulho ensurdecedor, como uma final de copa, pessoas comemorando.

Eu olho ao meu lado, vejo minha mulher de olhos abertos, muda, ou silenciada. Digo: Bolsonaro ganhou.

Levantamos, ligo a televisão, na tela imagens do Copacabana: pessoas na rua com bandeiras do Brasil, vestidas de verde e amarelo, com camisetas da seleção brasileira, e um palanque com o famoso slogan "Brasil acima de tudo. Deus acima de todos.". 90% das urnas apuradas, Bolsonaro tinha 54% dos votos válidos. Começamos a ouvir os gritos que vinham junto dos fogos e das buzinas na rua, eram sobretudo homens gritando "Bolsonaro", "é 17", "fora petralhada".
Recebo uma mensagem de minha prima, que está há alguns anos morando na Inglaterra, com quem tenho conversado durante todo o processo eleitoral: "Como estão as coisas aqui? Já tem um resultado? Não estou conseguindo achar nada concreto na internet."

Respondo: "- ele ganhou, ele ganhou, parece ano novo aqui, fogos, tiros, buzinas, gritos, ele ganhou, não estou bem, estou o dia inteiro mal". Ela me responde que acabou de ver no Twitter e também não está bem: "a luta continua, foda-se eles, cansei de ser decente, agora vai ser chute na garganta. Fica forte, come bem, tenta dormir, fortalece o corpo pra alma não ficar fraca", eu mal sei o que responder, olho ao meu lado e minha companheira está fazendo inalação, pois ficou com falta de ar. Minha prima me manda mais uma mensagem, um áudio, dizendo o quão revoltada está, diz que todos os dias vai fazer questão de colocar alguma coisa na internet, que seu companheiro pediu pra ela parar de colocar coisas na internet, pois eles vêm para o Brasil em breve, será a primeira vez dele no país e ele está com medo de sofrerem algum risco, mas que não se importa, que continuará postando, já que é o máximo que ela consegue fazer de longe.

Mando uma mensagem para meu irmão, ele mora com minha mãe, na favela que cresci, pergunto como estão as coisas por lá: nada de fogos, comemorações, ou tiros, alguns minutos depois ele me diz: "Marcos (nome fictício) acabou de sair na rua com uma arma de Airsoft gritando "é Bolsonaro porra". Marcos, no caso, é o traficante da rua.

Irmão mais novo do dono de todas as bocas do bairro, quando este foi preso, ele herdou as bocas, só na rua que cresci são duas. Jovem negro, poucos anos mais velho que eu, envolvido com tráfico de drogas, sendo um dos maiores traficantes de São Vicente, está comemorando a vitória daquele que diz que bandido bom é bandido morto, daquele que se refere a negros em peso de arroubas, como se fossem animais, aquele que diz "nem para procriador serve". Ele é o alvo, assim como eu na condição de mulher lésbica, muito mais que meu irmão na condição de jovem pobre e favelado. É a primeira vez na história que o alvo vai de encontro a flecha.

Deixo o celular de lado, um pronunciamento ao vivo do presidente eleito se inicia, eu e minha companheira assistimos mudas, aquele homem que tanto nos agrediu falando um texto pronto, pausadamente, olhando fixamente pro mesmo ponto, como se estivesse lendo, o que realmente acredito que estivesse fazendo, ao seu lado sua esposa, ao menos 30 anos mais jovem, e do outro lado uma intérprete de LIBRAS.

Discurso vazio, uma mesa pronta com uma bíblia, a constituição federal brasileira e um livro que não consegui identificar que mais tarde ele se refere ao livro como "exemplo de grandes líderes nacionais".

As manifestações na rua não param, nossa cachorra fica na janela olhando o movimento, assustada com tudo aquilo, em algum momento ouço um "heil Hitler" da rua. Não consigo falar nada, minha mulher fala apenas "que saco esses fogos, coitados dos cachorros". Em seguida um pronunciamento de Fernando Haddad, ele começa a falar, visivelmente emocionado, palavras que tentam acalentar nossos corações, tentativa inútil, olho para o lado e minha companheira inundada em lágrimas só consegue dizer "esse homem bonito, por que ele não ganhou?". A abraço, mas a sensação é de luto, como se uma pessoa querida tivesse morrido inesperadamente, e ninguém sabe o que falar, ninguém consegue se conformar, não há nada que afague nosso choro. Minha esposa, em prantos, ilustra perfeitamente a sensação: "parece que o Brasil ganhou a Copa do Mundo e o Ayrton Senna morreu no mesmo dia".

Falo com minha mãe, ela me diz pra ficar calma: "filha, calma, infelizmente ele ganhou, mas fica calma, não vamos sofrer por antecedência, ele vai ser igual todos os outros, não vai fazer nada, vai roubar a parte dele e daqui 4 anos votamos de novo". Tento acreditar, tento pensar que será assim. Eu imploro mentalmente que esse homem não faça metade do que falou, que ele não seja metade do que mostra ser, eu imploro que ele roube assim como todos os outros fizeram, mas que eu não precise temer sair na rua, que eu não precise voltar pro armário, que eu e meus companheiros não precisemos pegar em armas.

Mas não demora muito para sabermos que a luta já começou.

28 de outubro de 2018. Avenida Paulista, SP. Foto: Daniel Arroyo/Ponte

Ainda no dia 28, enquanto ocorriam manifestações pró Bolsonaro na Avenida Paulista em São Paulo, a polícia militar reprime violentamente com bombas manifestantes contra Bolsonaro. O grupo estava no Masp

(Museu de São Paulo) protestando contra a eleição do capitão da reserva do Exército quando receberam em troca bombas e balas de borracha disparados pela polícia.

A violência da PM partiu quando um grupo de jovens começou a declarar cânticos contrários a Bolsonaro no vão do Masp. Na mesma avenida, apoiadores do candidato estavam reunidos. Em seguida, uma troca do Baep (Batalhão de Ações Especiais de Polícia) partiu para cima dos jovens.

Ao menos quatro pessoas foram presas, entre elas três jovens e um morador em situação de rua – detido por queimar uma bandeira. Segundo a polícia, um dos membros do grupo agrediu um idoso e, por isso, foi levado ao DP (Distrito Policial). (PONTE, 2018)

Manifestante pró-Bolsonaro. Foto: Daniel Arroyo/Ponte

Na imagem, uma manifestante a favor de Bolsonaro. Em uma mão a bandeira brasileira, na outra um gesto com os dedos imitando uma arma, e em sua camiseta escrito "64 neles" referindo-se ao início da ditadura militar. Ao lado é possível ver alguns policiais. Em momento algum a manifestante é reprimida, ou retirada de frente do carro da polícia militar, diferente do que aconteceu com os manifestantes contra Bolsonaro.

Mas o que devíamos esperar de diferente? Uma vez que esses manifestantes [pró-Bolsonaro] pedem por uma intervenção militar e querem dar mais poder ainda às Forças Armadas?

Manifestante pró-Bolsonaro. Foto: Daniel Arroyo/Ponte

Na imagem, um manifestante pró Bolsonaro, em uma mão solta um rojão, na outra faz o gesto da arma. Nenhum manifestante favorável a Bolsonaro é detido.

Em Salvador, a Polícia Militar espanca militantes do PT que protestavam contra a eleição de Jair Bolsonaro no Rio Vermelho.

A estudante da UFBA, Janaína Barata, 24 anos, foi hospitalizada após as agressões. Segundo relatos de testemunhas, a violência pró-bolsonarista da polícia ocorreu após uma discussão entre ela e sua irmã com apoiadores de Bolsonaro na região do Rio Vermelho. Além disso, a PM seguiu a repressão aos presentes com uso de spray de pimenta. Os amigos de Janaína a levaram à Igreja Sant'Ana do Rio Vermelho, onde esperam a chegada de socorro.

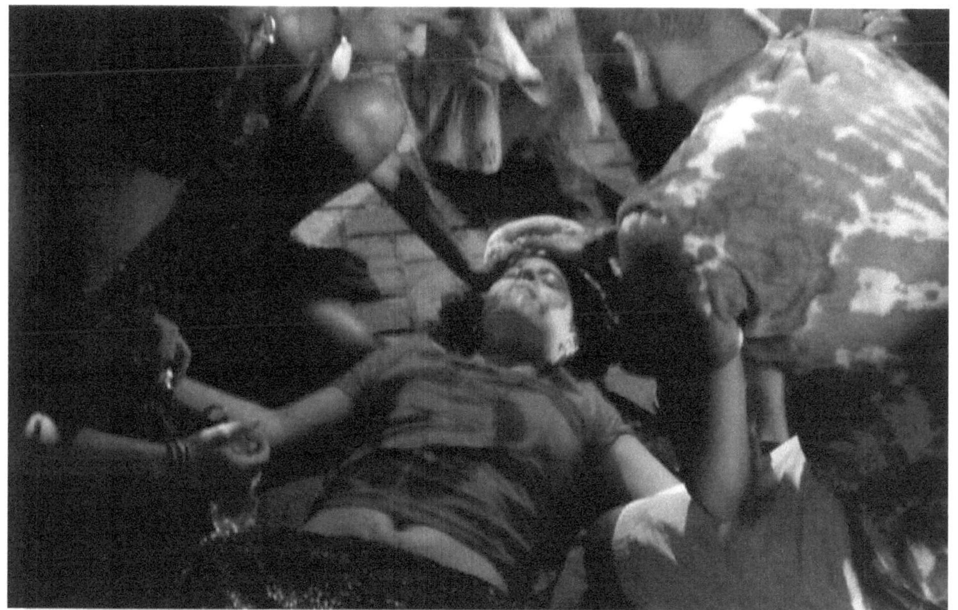

Imagem da internet. Fonte: esquerdadiario.com.br

Nenhuma emissora de televisão reportou as agressões. E um detalhe: ao pesquisar no mecanismo de pesquisa do Google sobre repressão policial no dia 28 de outubro de 2018 é necessária uma busca avançada para encontrar esses casos.

"Idolatrando fascista, apoiando a tortura
E o povo manipulado quer te por no poder
Eu sou a guerra civil, não temo sua ditadura
E se alguém tem que morrer, então que morra você

Cês falam em nome de Deus, mas são diabo
E o seu conceito de família anda atrasado
Sou Marielle e mestre Moa
Eu vim da lama lapidado, pique diamante de Serra Leoa

Eu tô aqui, meu sangue ferve na verve do caos
E a minoria que eu sou não faz parte dos maus
Tem ódio em ver o filho do pedreiro se formar
Porque seu pai pagou 10 anos de facul particular

E você segue sendo nada, mas fala demais
Eu também luto pro passado e pros meus ancestrais
Tenho aversão à homofobia, fascismo e messias
Eu sou pequeno e na pedrada eu derrubo os Golias

Vocês mataram 30 mil e alguns deles são meus
Cês tão profetizando votos igual fariseus
Que não acaba com esse vai e vem Samsara
E os pensamentos tão mais sujos que seu próprio pau de arara

Querem provar do meu veneno, então segura
Arregaçando mentes sem dar margem pra sutura
Cê pode ter dinheiro, mas se não tiver leitura
E só mais um cara rico cagando em nossa cultura

Cê jura

Que a viatura me enquadra porque eu sou suspeito
Tortura é o que fazem comigo dentro dos becos
A essa altura é o diabo no divã

4 horas da manhã e a polícia injuriando mais um preto

Porra, cês são racistas, cês são fascistas
Ou cês tão comendo merda pra votar nessa hiena?

Pau no cu do Ibope
Foda-se a Bope
Dá o Brasil pro Hip Hop que nós resolve o problema

Os mesmos buchas que votaram no boçal
Nunca passaram mal na mão dos verme na favela
Falar que preto não procria?
Respeite as minhas origens, minha mulher e o filho que eu tive com
ela

Cê num entende de economia, não, não
Só racismo e xenofobia
Fechadão com ator pornô
Rita Lee te caguetou que num passado bem recente curtia pederastia

Vai acabar com a regalia?
Mano, do que que você tá falando?
Sua marra é de ditador
Tá mais pra mamador
Mamando em nossas teta há mais de 28 anos

PF7 - Primavera Fascista, isso não é um teste
JBS - Pagou o churrasco do PSL
PF7 - Primavera Fascista, isso não é um teste
JBS - Jair Bolsonaro Safado, conhece?

Vocês tão mal de professor, de história
As "aula" que você matou de história
As "fake news" do Face que tu embarcou
Te contou K.O. e tu acreditou na história

Você acha que eu não sei os motivos
Pelo qual você quer votar nesse cara
Ele diz tudo que você quis dizer
Mas sua consciência diz: "Não fala!"

Agora teu "malvado favorito"
Tá representando bem o teu preconceito
E pra você amigo "Bolsominion"
Tem 17 bala endereçada pro teu peito

Falou que a "facada" é culpa do PT
Mais uma teoria da conspiração
Mas se bancada da bala liberasse as "PT"
Teu corpo agora estaria num caixão

Acha que ser gay é coisa que se ensina
Falou que Haddad criou até um kit
Minha irmã é gay e me ensinou a tratar as mina
E de pequeno já brinquei de Hello Kitty

Nem por isso virei viado, viado
Se fosse por convivência parceiro, já tinha virado
Tua homofobia não te faz mais macho
Tua heterossexualidade é frágil

A sua ignorância contamina
Essa doença resulta em carnificina
Fascismo é um vírus que se dissemina
Informação é a cura e o rap a vacina!!!

Melhor já ir se acostumando, agora é guerra, porra
Esses racista incubado dão gás pra minha luta
A pele preta e o passado cê não enterra, corra
Tempos difíceis onde o amigo mostra sua conduta

E ele disse o que você pensa e não diz né
Agora minha vez de falar o que penso
Tá preocupado com o futuro do país, né?
Vomita raiva baseado no bom senso

Ódio gera ódio e mais ódio
Onde vai chegar?
A resistência ainda vive aqui no gueto!
Quer minha liberdade, vem aqui buscar!

To vendo o quanto você é limitado
Pro azar desses burguês, eu to tipo besouro
Esquiva na ginga, corpo fechado
E esse protesto propagado em coro

O rap é arma, cara, se depender de mim
O Bozo não viverá
Muita revolta virá
Eu nem preciso olhar pra frente pra poder enxergar

Não diga que não avisei, esse falso messias não é salvação
Não diga que não avisei, quando o cenário for de revolução

Eu fico puto porque pra mim cê parece cego
Essa colônia fede mais que decomposição
Luta de classe manipula essas peça lego
1984 te apresento o "Grande Irmão"

E a gente segue na desordem e retrocesso é fato
A história grita a muita tempo se não quer ouvir
Cês seguem apoiando esse capitão do mato
Pela cultura é vida ou morte me Zumbi

Me vejo entre as multidões no fundo poço

Faço parte da maioria, mas só me resta o osso
Não põe nas nossas costas, se você só dá desgosto
Anota no seu bloco: nós somos seu melhor gozo

Educação abandonada
Quer que saúde pública seja privatizada
Vem de argumento falho, mulher mal remunerada
Homofóbico racista, isso sim é fraquejada

Presente de grego
Lobo na pele do cordeiro, vão ver quem grita primeiro
Se não bota a cara pra bater
Em todo sentido é dos que pede arrego

Tempos de guerra
Eles Mussolini, nós Marighella
Resistência, nós somos Teresa de Benguela
Fabricam armas, produzem a guerra

Fala que preto não se prolifera
Desordem impera
Tamanha ignorância
Se olha no espelho e não enxerga a semelhança
Alimenta a maldade
Estatística aponta
Promete falsa segurança
Quero ver se eu tô de peça
E resolvo fazer cobrança
Promete falsa segurança
Quero ver se eu tô de peça
E resolvo fazer cobrança

Meus manos morrendo e vocês não vão fazer nada até quando, hein?
Vão ignorar nós até quando, hein?

Vê o sangue de quem que tá jorrando
É... Não surpreende nem um pouco nenhum de vocês tá ligando

É o baile e as bruxa tão solta
Pro rap cês são uma vergonha
Cês ama um racista pra ficar na sombra
Pro rap cês são uma vergonha
Cês cagam na porra da história!

E cê percebe que o inferno impera
Quando a dívida histórica
Fica maior que a dívida interna

Me assusta de ver
Nós só se foder
Enquanto vocês
Judeus beijando o pé de Hitler

Não é a solução, é a causa, fei, tá tudo errado
A corda no pescoço e cê acha engraçado
Do fundo do poço, cês vão me ouvir alto
Faltam só 2 meses pra 64

Não vai andar comigo se apertou confirma
A renda mensal e a pele pra vocês é o que confina
Vota em fascista e é fã de rima
As armas que nos protegem são pagas com dinheiro da sua branca
fina

Sua branca fina sarrando na Glock e cê fala
Demais, então vou cuspir na sua cara
Que no fim de semana seus filhos tão na senzala
E um aviso: na ditadura não existe FP do Trem Bala

Primeiro vez que eu vejo o alvo ir de encontro a flecha

Fecha a porta e ora pra no chão não ser seu filho
Se Jesus voltasse, cês matava ele de novo
E chamavam de comunista por pensar demais no povo

Bozo, seu nome é uma piada pareada a trauma
Mas não reflete seu medo na vida dos outros
Se a nossa vida depende dele mandar ou não
Entre a escravidão e a morte, eu escolho ser morto"

Primavera Fascista - Bocaum, Leoni, Adikto, Axant, Mary Jane, Vk
Mac & Dudu (Prod. Tibery)

Ainda no dia 28 de, um menino de 8 anos de idade morre após ser atingido por um tiro na cabeça, em Ponta Grossa, no Paraná durante comemoração pela vitória de Bolsonaro. Segundo a polícia o disparo foi efetuado pelo tio, que também é padrinho, do menino, ele havia comprado a pistola há cerca de um mês.□ O homem que efetuou o disparo foi preso em flagrante, mas a arma não foi localizada.

O pai da vítima, que era monitorado por tornozeleira eletrônica, também foi preso por suspeita de tráfico de drogas. Dentro da casa foram encontradas porções de maconha, cocaína e crack, além de três balanças de precisão.

Reprodução/Facebook

Algumas outras situações não veiculadas pela televisão ou virtualmente evidenciam o ódio e o fascismo dado o resultado da eleição:

1. Grupo de eleitores do Bolsonaro entra no Grindr e no Tinder para marcar encontros com LGBT's para espancá-los;

2. Repórter da TV Tribuna (afiliada da Rede Globo na Baixada Santista) é expulso com chutes da Praça da Independência pelos eleitores do Bolsonaro em comemoração de sua vitória;

3. Eleitores do Bolsonaro marcam de fazer campana em casas noturnas para agredirem LGBT's;

4. Grupo de eleitores do Bolsonaro atiram várias vezes em comemoração a eleição com palavras como "viado", "vagabundo", "preto", "baiano", "nordestino", etc.

5. Em comemoração a eleição, homem anda tranquilamente portando uma espingarda;

6. Casal gay é baleado em Salvador por eleitor do Bolsonaro.

Durante, toda sua campanha, Bolsonaro levantava a bandeira contra a corrupção. Algo que seus eleitores repetiam como mantra "o chamam de racista, machista e homofóbico, porque não podem chama-lo de corrupto", e esse também era o ódio do PT, a corrupção (mesmo que PSL, partido de Jair Bolsonaro estivesse seis vezes mais envolvido em corrupção que o PT).

Em encontro com 32 representantes da Frente Parlamentar da Segurança Pública, o capitão reformado disse que levará para seu eventual governo dois deputados do DEM que não se reelegeram: Alberto Fraga (DF), atual líder da "bancada da bala" no Congresso, e Pauderney Avelino (AM). Alberto Fraga foi indiciado e a PGR pediu sua condenação por pedir propinas em abril deste ano. Vazou, inclusive, áudio dele pedindo propina. O outro, Pauderney Avelido, é pior ainda. Ele já foi condenado a devolver R$ 4,6 milhões em um esquema de corrupção e em áudio que vazou, Sergio Machado (aquele, do golpe com o Supremo e tudo) disse que "não tem cara mais corrupto que o Pauderney". O outro membro é Onyx Lorenzoni, que admitiu crime de caixa dois da JBS. Ele é o braço direito de Bolsonaro e a pessoa mais próxima a ele na campanha. Este é o governo que diz que vai livrar o país da corrupção.

Apóis Bolsonaro escolher 3 ministros indiciados por corrupção para serem seus ministros, e após anunciar a fusão do Ministério da Agricultura com o Meio Ambiente, em menos de 24 horas após o resultado, os próprios eleitores de Jair Bolsonaro já demonstravam sua insatisfação com o governo, sem este sequer ter tomado posse.

Usuários do twitter demonstram sua insatisfação com o presidente eleito

Talvez seja um tanto quanto evidente minha posição política, mas nem por isso posso me permitir não tecer críticas à esquerda brasileira. Primeiramente, porque como vimos até aqui, a direita, mesmo a maior parte dela seja feita de completos analfabetos políticos, esteve muito mais organizada que a culta e revolucionária esquerda. Convenhamos, quando foi para pedir voto para o Haddad – que mesmo o PT sabendo que era o único partido que perderia para Bolsonaro em um segundo turno, ainda assim se candidatou – fizeram suco, bolo, café, sentaram para conversar. Agora que tem trabalhador caindo na real e percebendo do que se trata a eleição de Jair Bolsonaro, o que a esquerda faz? Dialoga? Trazem para a realidade? Não. Criam hashtag para printar e debochar. Assim, como utilizam as expressões faciais da intérprete de LIBRAS de Bolsonaro para debochar do mesmo. A esquerda no Brasil é desorganizada e antipovo.

Curiosamente, um dos objetivos ou a esperança dos eleitores era mudar a visão de fora sobre o país. Sermos vistos como uma grande potência. Contudo, o que aconteceu desde a eleição de Bolsonaro é exatamente o contrário. Cartunistas da França, Portugal, Holanda e Itália publicam sátiras associando o governo brasileiro ao nazismo.

Imagem da internet

Capítulo 13.1: A FTI de Temer

Foi publicado no Diário Oficial da União, no dia 16 de outubro (12 dias antes do segundo turno) o Decreto 9.527 de 15 de outubro de 2018, em que a menos de três meses do término do seu mandato o presidente Michel Temer cria a Força-Tarefa de Inteligência, para o "enfrentamento ao crime organizado no Brasil".

De grande ameaça ao país, o Decreto permite ao novo Presidente da República, a partir de vários setores da polícia e das Forças Armadas, o "enfrentamento a organizações criminosas que afrontam o Estado brasileiro e as suas instituições".

A mesma lei que define "organização criminosa" aplica-se às "organizações terroristas" a partir de então. Assim, o governo age em outras esferas, na calada, para ampliação do conceito "terrorismo", podendo a partir do decreto agir como bem entender contra manifestações políticas, movimentos sociais, sindicais, religiosos, de classe ou de categoria profissional nas ruas ou na internet.

Explicando: A Lei Antiterrorismo diz que não constituem ato terrorista: "a conduta individual ou coletiva em manifestações políticas, movimentos sociais, sindicais, religiosos, de classe ou de categoria profissional, direcionados por propósitos sociais ou reivindicatórios, visando a contestar, criticar, protestar ou apoiar".

Porém, num golpe agressivo, a situação é crítica: há um projeto de lei, PL 5065/16, com pedido de apreciação urgente na Câmara dos Deputados que revoga o § 2o da Lei Antiterrorismo. E não só isso: ele também amplia o conceito de terrorismo, decretando:

> "O terrorismo consiste na prática por um ou mais indivíduos dos atos previstos neste artigo, por razões de xenofobia, discriminação ou preconceito de raça, cor, etnia e religião, ou por motivação ideológica, política, social e criminal, quando cometidos com a finalidade de provocar terror social ou generalizado, expondo a perigo pessoa, patrimônio, a paz pública, a incolumidade pública e a liberdade individual, ou para coagir autoridades, concessionários e permissionários do poder público, a fazer ou deixar de fazer algo".

Também há um Projeto no Senado (PLS 272/2016) que vai além. Este define também como terrorismo quem "recompensar ou louvar outra pessoa, grupo, organização ou associação" em reunião pública ou por meio do uso de meio de comunicação, como a internet.

Dado o resultado das eleições, já estão acontecendo por todo o país várias manifestações contra o presidente eleito, e esses projetos de lei vão acabar por ser aprovados como forma de pacificação social. Porém, isso é inconstitucional, umas vez que temos o direito de protesto garantido por lei. E definindo os protestos como atos de terrorismo e com a criação desse decreto da FTI, dá carta branca para o próximo governo acabar com a democracia, lembrando que: Bolsonaro prometeu dar carta branca aos policiais para matar e prometeu que eles não poderiam mais ser julgados por isso. Sendo assim, estamos fadados à própria ditadura.

Capítulo 13.2: 48h de Bolsonaro

Embora, o presidente eleito só tome posse do seu cargo no dia 1 de Janeiro de 2019. Em 48h após a eleição já vemos as mudanças. E infelizmente, não é pra melhor. Já vimos que muitos próprios eleitores do 17 já se arrependeram de sua escolha, e também que poucos dias antes do resultado, Temer, na calada da noite, cria um decreto para classificar como terrorismo qualquer ato de manifestação e protesto.

No dia 30 de outubro, um ato contra Bolsonaro, em São Paulo, acaba em conflito entre um grupo de pessoas com rostos cobertos e policiais militares sem identificação.
O protesto começou com discursos políticos em frente ao Masp, na Avenida Paulista, e acabou na Rua da Consolação, em frente à Praça Roosevelt, no centro da capital.

Foto: Folha de S.Paulo

Os policiais negociaram por uma hora e meia antes de dispersarem o grupo com bombas de efeito moral, eles responderam jogando garrafas.

De acordo com a Polícia Militar, pelo menos uma pessoa foi detida e encaminhada para 78º Distrito Policial.

O candidato à Presidência da República pelo PSOL, Guilherme Boulos, também líder do MTST, estava presente. Ao subir no trio elétrico, ele foi recebido com o grito de "Oh Bolsonaro, presta atenção, a sua casa vai virar ocupação" pelos manifestantes. Boulos então explicou que a frase proferida se tratava de uma brincadeira.

"A última vez que nós fizemos essa brincadeira, ele se utilizou disso para atacar e criminalizar os movimentos, porque é o que eles sabem fazer", explicou Boulos ao público, antes de se declarar oposição ao novo governo, reconhecendo o resultado das urnas. "Nós reconhecemos o resultado das eleições, nós não somos o Aécio Neves", disse Boulos, lembrando o candidato do PSDB derrotado nas eleições de 2014, para Dilma Rousseff, em pleito apertado.

Foto: Erik Teixeira/Raw Image/Folhapress

"O Bolsonaro se elegeu presidente, não imperador ou dono do Brasil. E um presidente tem que respeitar as liberdades democráticas, a liberdade de manifestação, de expressão, e as oposições, e não dizer que elas vão para a cadeia ou para o exílio", defendeu o candidato derrotado do PSOL, com 0,58% dos votos válidos no primeiro turno.

"Nós não vamos nem para a cadeia nem para o exílio. Nós viemos para a rua", reafirmou Boulos. "Viemos em paz, porque a violência, a guerra, o 'resolver tudo na bala', não faz parte da nossa cultura, faz parte da deles", disse o líder do MTST, que ainda criticou a perda de direitos e a reforma da previdência.

Foto: Dario Oliveira/Folhapress

Capítulo 13.3: A Terra é plana

No dia 31 de outubro, o presidente Jair Bolsonaro anuncia que o astronauta Marcos Pontes será ministro da Ciência e Tecnologia. Pontes é o primeiro e único brasileiro a ter voado para o espaço.

No dia 29 de outubro, Pontes já havia se manifestado sobre o convite de Bolsonaro. Em um vídeo publicado no Facebook, ele disse que está "muito feliz" pela "oportunidade de participar deste novo governo em uma área que tem sido a minha vida por 41 anos".

Ele também afirmou que as áreas de ciência e tecnologia devem buscar inovações específicas para a realidade brasileira.

"Como sempre digo, educação para formar cidadãos qualificados; ciência, para desenvolver ideias e soluções específicas para o Brasil; tecnologia, para transformar essas ideias em inovações, que vão se transformar em novos produtos. Estes vão se transformar em novas empresas, que vão gerar novos empregos. Esse ciclo virtuoso é o que a gente quer criar aqui no Brasil", disse.

Marcos Pontes ficou conhecido no Brasil e no mundo como o primeiro e único astronauta brasileiro a ir para o espaço. Durante 40 anos de carreira, Pontes foi aviador, piloto de caça e seguiu carreira militar, chegando ao posto de tenente-coronel.

Às 23h30 do dia 29 de março de 2006 (no horário de Brasília), Pontes entrou para a história como o primeiro brasileiro a voar para o espaço. Acompanhado do russo Pavel Vinogradov e do norte-americano Jeffrey Williams, ele decolou da base de Baikonur, no Cazaquistão, a bordo da nave russa Soyuz-TMA 8, com destino à Estação Espacial Internacional (ISS, na sigla em inglês).

Astronautas (Marcos Pontes à esquerda) que participaram da Missão Centenário, em 2006 — Foto: NASA/Divulgação

Atualmente, é Embaixador da Boa Vontade na Organização das Nações Unidas (ONU), dá palestras e trabalha na Nasa, a agência espacial norte-americana. Segundo o perfil publicado no site de Pontes, ele é engenheiro aeronáutico formado pelo Instituto Tecnológico de Aeronáutica (ITA) e mestre em Engenharia de Sistemas pela Naval Postgraduate School, Califórnia, EUA.

Pontes entrou na Força Aérea Brasileira em 1981 e foi instrutor, líder de esquadrilha de caça e piloto de testes, com mais de 2 mil horas de voo em 25 tipos de aeronave.

O currículo do futuro ministro registra que suas funções militares se encerraram em 1998, quando ele foi selecionado por concurso público da Agência Espacial Brasileira para representar o Brasil na NASA na função de astronauta, uma carreira civil.

Essa poderia ser a escolha mais sensata de Bolsonaro até então, se não fossem pelos seus eleitores. Vou manter meu direito de permanecer calada, mas deixo a vocês alguns comentários do fã clube do Bolsonaro:

compartilhou um link no grupo **Terra Plana Brasil Exclusivo**.
Há 1 hora ·

É assim que UM MENTIROSO vira MINISTRO...

PSIU...
- A Terra É PLANA;
- Portanto, a NASA é uma total e descabida FARSA;
- O que faz do Sr. Marcos Pontes um TREMENDO MENTIROSO!!!

EXAME.ABRIL.COM.BR
Marcos Pontes será Ministro de Ciência e Tecnologia de Bolsonaro

 40   59 comentários

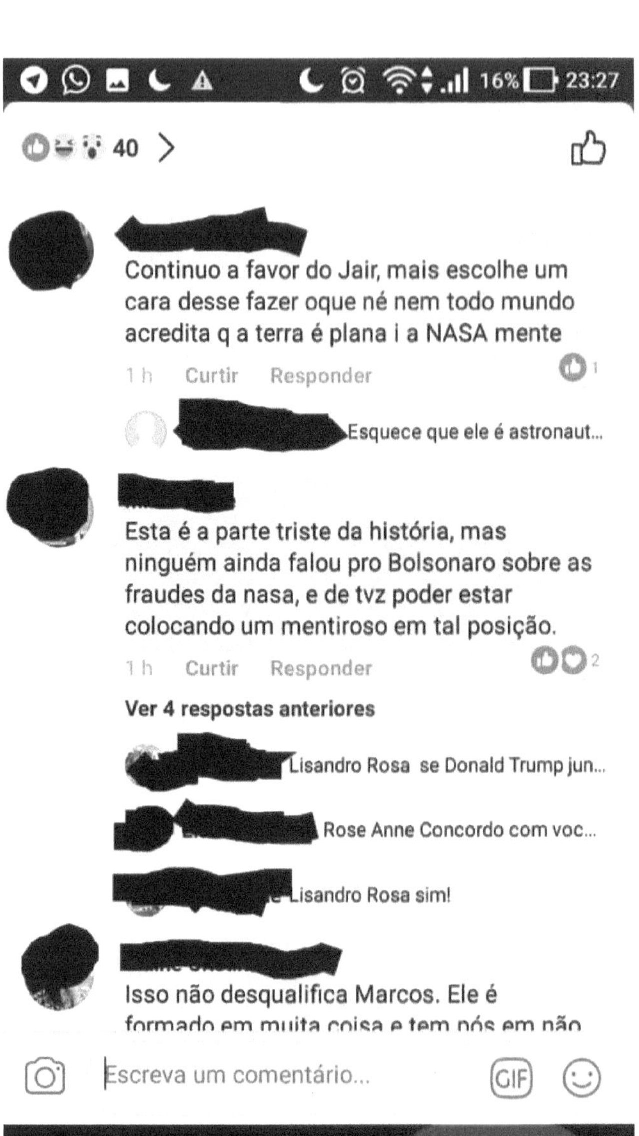
16% 23:27
40
Continuo a favor do Jair, mais escolhe um cara desse fazer oque né nem todo mundo acredita q a terra é plana i a NASA mente
1 h   Curtir   Responder
Esquece que ele é astronaut...
Esta é a parte triste da história, mas ninguém ainda falou pro Bolsonaro sobre as fraudes da nasa, e de tvz poder estar colocando um mentiroso em tal posição.
1 h   Curtir   Responder
Ver 4 respostas anteriores
Lisandro Rosa se Donald Trump jun...
Rose Anne Concordo com voc...
Lisandro Rosa sim!
Isso não desqualifica Marcos. Ele é formado em muita coisa e tem pós em não
Escreva um comentário...
GIF

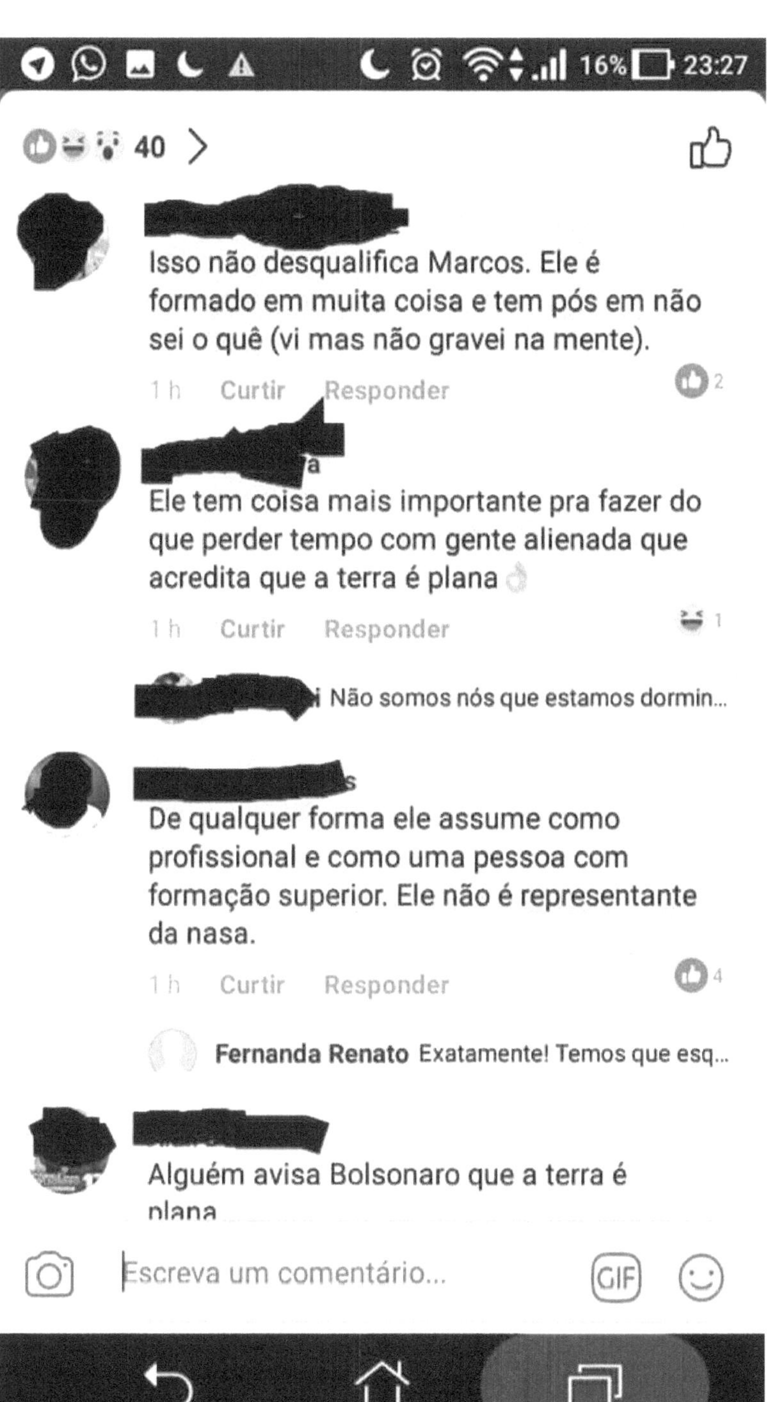
16% 23:27
40
Isso não desqualifica Marcos. Ele é formado em muita coisa e tem pós em não sei o quê (vi mas não gravei na mente).
1 h   Curtir   Responder
2
Ele tem coisa mais importante pra fazer do que perder tempo com gente alienada que acredita que a terra é plana
1 h   Curtir   Responder
1
Não somos nós que estamos dormin...
De qualquer forma ele assume como profissional e como uma pessoa com formação superior. Ele não é representante da nasa.
1 h   Curtir   Responder
4
Fernanda Renato Exatamente! Temos que esq...
Alguém avisa Bolsonaro que a terra é plana
Escreva um comentário...
GIF

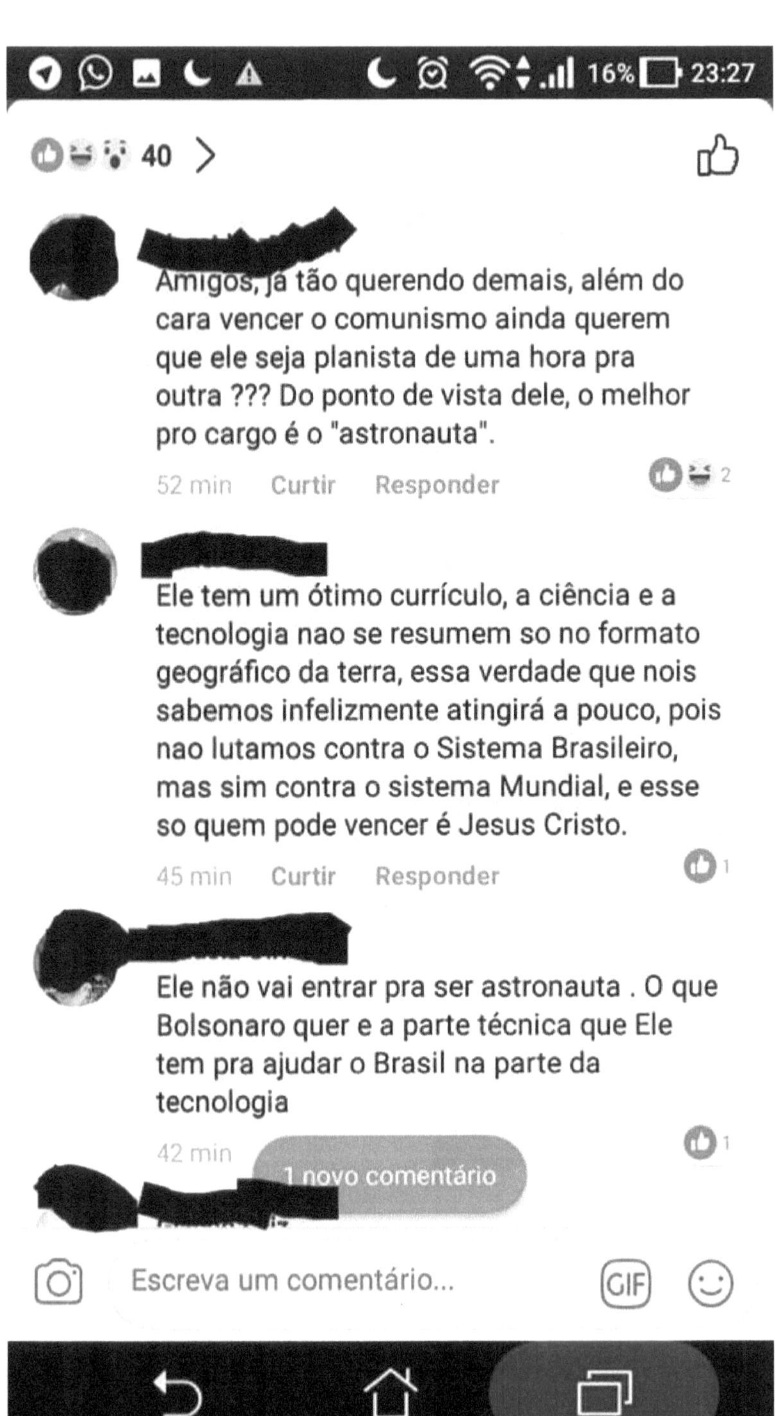
16% 23:27
40

Amigos, já tão querendo demais, além do cara vencer o comunismo ainda querem que ele seja planista de uma hora pra outra ??? Do ponto de vista dele, o melhor pro cargo é o "astronauta".
52 min   Curtir   Responder   2

Ele tem um ótimo currículo, a ciência e a tecnologia nao se resumem so no formato geográfico da terra, essa verdade que nois sabemos infelizmente atingirá a pouco, pois nao lutamos contra o Sistema Brasileiro, mas sim contra o sistema Mundial, e esse so quem pode vencer é Jesus Cristo.
45 min   Curtir   Responder   1

Ele não vai entrar pra ser astronauta . O que Bolsonaro quer e a parte técnica que Ele tem pra ajudar o Brasil na parte da tecnologia
42 min   1

1 novo comentário

Escreva um comentário...   GIF

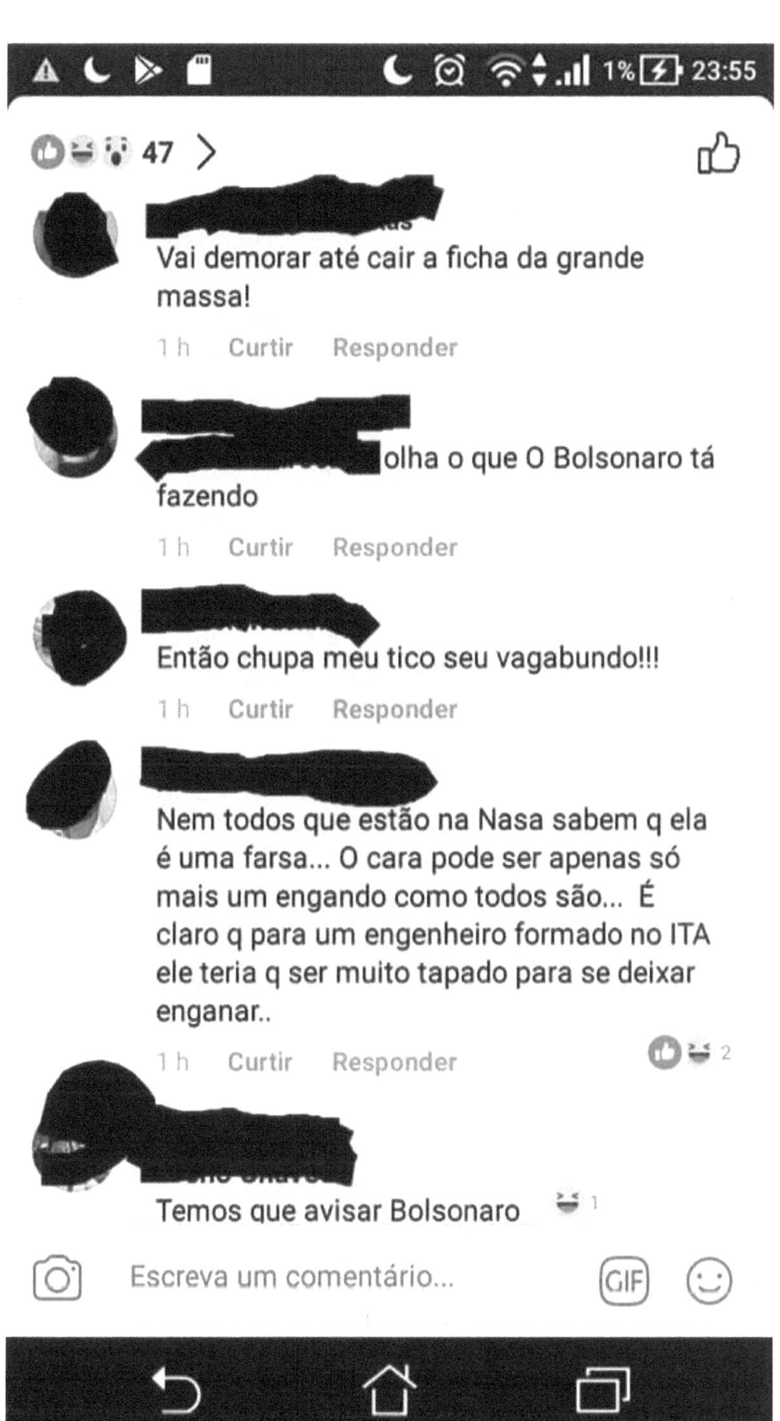
47
Vai demorar até cair a ficha da grande massa!
1 h   Curtir   Responder
olha o que O Bolsonaro tá fazendo
1 h   Curtir   Responder
Então chupa meu tico seu vagabundo!!!
1 h   Curtir   Responder
Nem todos que estão na Nasa sabem q ela é uma farsa... O cara pode ser apenas só mais um engando como todos são... É claro q para um engenheiro formado no ITA ele teria q ser muito tapado para se deixar enganar..
1 h   Curtir   Responder   2
Temos que avisar Bolsonaro   1
Escreva um comentário...   GIF

Se você não está entendendo absolutamente nada, eu te explico: existe um movimento – se é que podemos chamar assim – no Brasil que acredita que a Terra é plana, sim o planeta Terra, aquele que no século VI a.c, Pitágoras já havia dito que é redondo e não plano como os pré-socráticos acreditavam.

Segue a seguir uma matéria do site Super Interessante:

"Apesar de estar em maior evidência hoje, a teoria da Terra plana tem séculos e séculos de existência. Astrônomos de grandes civilizações antigas, como Grécia, China e Índia, defendiam que a Terra era achatada. Era o padrão que todo mundo seguia. Mas isso começou a mudar também há bastante tempo. Na própria Grécia, o filósofo Pitágoras, no século 6 a.C., já falava que o planeta era redondo. Só que ele não foi muito ouvido.

O astrônomo polonês Nicolau Copérnico (1473-1543) desenvolveu a Teoria Heliocêntrica, que diz que o Sol está no centro do Universo, não a Terra (a ciência descobriria depois que ele fica, na verdade, no centro do sistema solar). Depois, o italiano Galileu Galilei (1564-1642) fez uma série de descobertas, como estrelas na Via Láctea e os anéis de Saturno, que reforçaram o heliocentrismo. Ele entrou em atrito com a Igreja, que não tolerava a Terra não estar no centro de tudo. Mas também teve oposição entre outros cientistas.

Um dos mais famosos opositores foi o astrônomo dinamarquês Tycho Brahe (1546-1601). Ele defendia, assim como muitas outras pessoas, que a Terra era um objeto imóvel e que o Sol e a Lua giravam em torno dela. Você já ouviu falar de Brahe? Ele caiu no limbo da história não porque suas ideias ficaram ultrapassadas, mas, segundo teorias da conspiração terraplanistas, porque ele teria sido envenenado com mercúrio por seu assistente. Não se tratava de um ajudante qualquer, mas de alguém que se tornaria um grande nome da astronomia: o alemão Johannes Kepler.

A história de Brahe sintetizaria o que teria acontecido nos séculos seguintes, à medida que a noção de uma Terra esférica se consolidou. Instituições de grande poder estariam manipulando resultados científicos e outras provas para manter a visão do planeta redondo.

Fotos da Nasa? Mera ficção. Os terraplanistas defendem ainda que a ciência se tornou teórica demais e empírica de menos, e dizem que isso é inaceitável, justamente porque dificultaria a comprovação de uma Terra plana.

Recentemente, a teoria ganhou adeptos e está se espalhando na internet. Celebridades como o ex-jogador norte-americano de basquete Shaquille O'Neal e o rapper B.o.B declararam que acreditam na teoria. Grupos em redes sociais já somam mais de 50 mil membros e existe até o Centro de Pesquisas Terra Plana Brasil. B.o.B., inclusive, lançou uma campanha de financiamento coletivo para enviar um satélite e comprovar seu ponto de vista

Como uma teoria da conspiração, a história da Terra plana pode ser divertida. Mas agora mostraremos como ela não para em pé.

Para os terraplanistas, seria impossível circunavegar o planeta. E a única coisa circular seria a Antártida.

ESTAÇÕES DO ANO

Terra plana – O Sol se movimenta de forma espirálica: ao mesmo tempo em que dá a volta no centro, vai de um trópico a outro, passando pelo Equador duas vez por ano. Onde ele está mais perto é verão. Mais longe, inverno.

Terra esférica – O eixo de rotação da Terra é uma linha imaginária inclinada. Ao longo do ano, um hemisfério recebe mais luz que outro. Por isso, quando é verão no Sul, é inverno no Norte.

ANTÁRTIDA

Terra plana – Esse continente ocupa a borda do planeta, funcionando como moldura para o oceano. É um lugar proibido para pessoas comuns e pode ser visitado apenas em pontos controlados pelas autoridades, para que nunca um civil chegue até o final do domo e descubra a verdade sobre a Terra plana.

Terra esférica – O continente é usado por diversos países para exploração científica. A visita é controlada, visando à preservação, mas o turismo está aumentando. Em mais uma comprovação de que ele não é circular, em 2017 Patrick Bergel, bisneto do famoso explorador Ernest Shackleton, conseguiu algo em que seu antecessor fracassou: cruzar a Antártida. Ele venceu 5.800 km em uma viagem de carro por 30 dias, amplamente divulgada. Se fosse para dar a volta na Antártida terraplanista, ele levaria, no mesmo ritmo, 239 dias.

CENTRO DA TERRA

Terra plana – Tudo que existe abaixo dos 12 km já escavados pelos humanos é desconhecido. Pode existir uma espécie de inferno (com ou sem conotações religiosas), onde não há vida, só magma. Abaixo disso, não se sabe: poderiam ser alicerces e colunas que sustentam a Terra ou um abismo.

Terra esférica – O núcleo interno é uma grande bola de metal, constituída basicamente de níquel e ferro, envolvida por uma camada de rochas em estado líquido. Por causa do calor e da pressão, nenhuma sonda chegou lá, mas a ciência sabe disso tudo graças a estudos de terremotos, análises de meteoritos e pesquisas sobre a formação de nosso solo.

GRAVIDADE

Terra plana – É um conceito que não existe, usado apenas para explicar coisas que não entendemos e corroborar com a teoria da Terra esférica. Todas as aplicações da gravidade podem ser explicadas pela densidade: mais pesados embaixo, mais leves em cima.

Terra esférica – Grandeza responsável por definir o peso de um corpo. Qualquer objeto que se movimenta está sob influência da aceleração da gravidade, que na Terra é de aproximadamente 9,8 m/s^2 e puxa tudo para o centro do planeta. A gravidade não só existe como mostra que o terraplanismo não faz sentido algum. Caso a Terra fosse um disco, a gravidade não agiria de maneira uniforme. Por exemplo, quanto mais longe do Polo Norte, mais inclinados os prédios teriam que ser para compensar essa força.

MAGNETISMO

Terra plana – O polo magnético do planeta está no centro do disco, o Polo Norte. Sol e Lua são atraídos em torno dele.

Terra esférica – O polo norte magnético fica no sul geográfico. De lá saem as linhas de atração, convergindo para o sul magnético (norte geográfico). Como os opostos se atraem, o norte das bússolas aponta para o sul magnético, que se encontra próximo do Polo Norte.

Terraplanistas dizem que o Sol é uma melequinha quente que gira dentro de um domo, cuja base é a Terra

SOL

Terra plana – A Terra é o centro de tudo, e o Sol gira em torno do Polo Norte, completando uma volta em 24 horas. É dia na área em que os raios solares incidem, é noite onde eles não chegam.

Terra esférica – O Sol é a estrela central do sistema solar, com 1,3 milhão de km de diâmetro. Se a Terra fosse plana e o Sol girasse em cima dela, a sombra de um relógio de sol teria o mesmo tamanho ao longo do dia, o que não ocorre. Aliás, ao estudar a diferença entre as sombras formadas por postes idênticos em cidades distantes, o geógrafo grego Eratóstenes calculou a curvatura terrestre – há 2,2 mil anos! Além disso, se o Sol funcionasse como um holofote que gira sobre a Terra, mesmo nas áreas não iluminadas por ele seria possível vê-lo – e nós não conseguimos ver o Sol à noite.

ESTRELAS

Terra plana – As estrelas giram em torno do domo. Só uma é imóvel: a estrela Polar, localizada em cima do Polo Norte. Não é possível enxergar todas as estrelas porque a luz solar as ofusca.

Terra esférica – Estrelas são corpos esféricos gigantes compostos de gases que produzem reações nucleares e emitem luz. Sistemas planetários giram em torno delas.

LUA

Terra plana – Gira em um compasso diferente do do Sol, encontrando-o algumas vezes. Quando isso acontece, ela armazena radiação solar até ficar cheia. Em seguida, ela começa a se esvaziar, até cruzar novamente com o Sol. Isso explica as fases lunares.

Terra esférica – Único satélite natural da Terra, a Lua gira em torno da Terra. Ela não emite luz, apenas reflete a do Sol. As fases resultam da posição em que a Lua recebe essa luz. Se a Lua conseguisse armazenar os raios do Sol, como diz a teoria da Terra plana, as fases determinariam a intensidade da luz, não o formato da face iluminada. Seria como uma lâmpada com dimmer.

ROTAÇÃO E TRANSLAÇÃO

Terra plana – A Terra não se move. O movimento de translação cabe ao Sol, que gira sobre o disco terrestre.

Terra esférica – A Terra gira sobre seu próprio eixo (rotação). Cada volta dura 24 horas, formando os dias. Ao mesmo tempo, ela gira ao redor do Sol (translação). A volta completa leva 365 dias, quatro horas e alguns minutos. É o que forma o ano.

Por que a Terra é esférica?

Dicas práticas para você mostrar àqueles seus conhecidos que andam espalhando que o planeta é plano

- Com um binóculo, observe navios na linha do horizonte. A primeira parte a desaparecer é a proa (frente). Se o oceano fosse plano, o navio viraria um pontinho e depois sumiria (como um pássaro que voa para longe). Uma pessoa de cerca de 1,70 m percebe isso a uma distância de 3,5 a 5 km
- Se você estiver em um barco em movimento, aproximando-se do litoral, a primeira faixa de terra que verá serão os topos das montanhas. De novo, por causa da curvatura
- Com dinheiro e tempo de sobra, dá para dar a volta ao mundo. Um cruzeiro do tipo dura cerca de 200 dias. Você jamais encontrará um limite para dar meia-volta, o que significa que a Terra não tem borda. A expedição de Fernão de Magalhães comprovou isso em 1519
- Há constelações que só são visíveis em um hemisfério. Se for à Disney, comprove: você não verá o Cruzeiro do Sul, pois ele só pode ser visto no Hemisfério Sul. Se a Terra fosse plana, daria para vê-lo de qualquer lugar

- Nos eclipses lunares, quando a Terra fica entre o Sol e a Lua, é possível ver a sombra projetada pelo planeta no satélite – e ela é arredondada

CONSULTORIA Wagner Giubilatto, professor de física do Colégio Externato Rio Branco (São Bernardo do Campo, SP), Bruno Alves, presidente do Centro de Pesquisas Terra Plana Brasil, e Márcio Bailly, responsável pelo site *A Terra é Plana* **FONTES** *Road and Track, Flat Earth Society, I Fucking Love Science, Hyundai, Explicatorium, Climatologia Geográfica, Mistérios do Mundo, Terra Planista, Tantettaus, A Terra É Plana, Física em Perguntas, Astronomia Real* e *Projeto Terra Plana*; canais do YouTube *Primata Falante, Cid Cidoso, Canal do Pirula, Canal Mistérios do Mundo* e *Sem Hipocrisia*."

Capítulo 13.4: Considerações Finais

Se eu tivesse que culpar alguém? A esquerda.

E nisso eu me incluo, incluo meus amigos, meus camaradas, meus professores. Incluo aqueles que tentaram ser pacíficos quando o que recebíamos eram balas. Incluo aqueles que resumiram sua militância à internet. Incluo aqueles da esquerda que criticavam a esquerda mas não tinha nenhuma ação ou iniciativa diferente.

Eu me culpo.

Eu me culpo por ter mantido minhas críticas e ideias à minha bolha esquerdopata militante acadêmica. Eu me culpo por não ter me estendido a base da população, me culpo por não ter ido virar votos na favela, onde eu nasci, onde hoje eu sou vista como apenas uma pessoa que morou lá e de vez em quando visita a família.

A esquerda mais uma vez se preocupou apenas com seu pequeno mundo de Bob e esqueceu quem realmente precisava dialogar, porque querendo ou não, o fascista fala o que eles querem ouvir. Uma senhora heterossexual de 62 anos não se importa se o Bolsonaro fala que ninguém gosta de homossexuais, porque ela não é, não conhece, e cresceu ouvindo exatamente isso. Essa senhora pode nem ser homofóbica, mas ela não vai se colocar no lugar de um homossexual, até porque pra maioria da população brasileira quem diz sofrer preconceito é vitimista.

E daí que ele não entende de economia? Ninguém entende, ninguém entende nada que os políticos falam. Do que adianta, o candidato do PT ser professor, mestre, doutor, se ele não consegue dialogar com a população?

E quando digo que ninguém entende o que os políticos falam, não estou falando de mim, do amiguinho do mestrado, do coleguinha professor. Estou falando da grande massa brasileira, quem realmente faz a mudança nesse país.

E agora, José?

Concluo este livro, como concluímos esse ano, sem saber o que vai acontecer. Cheio de dúvidas, expectativas, temores. Com grandes reticências. Pois é tudo o que temos.

Publico este livro temendo, temendo pela minha vida, de minha companheira, de meus amigos, e daqueles que escolheram seu próprio assassino.